EL PODER DE LA DISCIPLINA

El Hábito que Cambiará tu Vida

RAIMON SAMSÓ

EDICIONES
INSTITUTO EXPERTOS

EDICIONES
INSTITUTO EXPERTOS

A todos los que aún no saben de lo que son capaces

La transformación es superior a la información. Escribo y publico libros que transforman vidas.

No me conformo con libros que informen en lo que se olvidará - en su mayor parte - a los pocos días. Pretendo la transformación del lector que, al convertirse en lo aprendido, nunca olvidará lo leído.

No porque lo recuerde, sino porque lo es.

Raimon

ÍNDICE

Introducción del Autor 11

1. AUTODISCIPLINA ILIMITADA 19
2. DISCIPLINA vs. ESFUERZO 35
3. LA DISCIPLINA ES UN HÁBITO 51
4. ACCIÓN INMEDIATA 67
5. VIVIR DESDE EL SIGNIFICADO 85
6. CLAVES PRÁCTICAS PARA SER
   DISCIPLINADO 101
7. DE LA TEORÍA A LA ACCIÓN 119

Conoce al Autor 135
Mentoría de negocios con el autor 137
Te pido un favor 143

Introducción del Autor

Hasta donde recuerdo, he tirado más de corazón que de cerebro.

En la escuela, no era el niño más inteligente de mi clase, pero a fuerza de voluntad no me ganaba nadie. Y así ha sido toda mi vida: de estudiante, de empleado y de escritor. Nunca he sido el mejor corredor, ni el más rápido, pero como mantengo un ritmo endiablado, acabo todas las carreras en buena posición.

En relación a la disciplina, mi primera historia de disciplina se remonta al inicio del bachillerato, cuando tenía entonces once años. Era el único muchacho de la clase que hacía las tareas en el colegio... ¡a la hora del patio! Mientras todos mis compañeros jugaban, yo me aplicaba a los deberes para el día siguiente; y solo cuando los terminaba, me permitía reunirme con los demás y disfrutar del tiempo que quedaba de recreo.

Antes del placer, el deber, es la norma que siempre me he aplicado. Me ha funcionado.

También por aquel entonces implementé un hábito que iba a resultar crucial en mi desempeño como escritor. Por algún motivo que no recuerdo, empecé a resumir cada lección en una libreta. Resumir me obligaba a comprender primero y a sintetizar después las ideas principales de cada lección. Era mi forma de estudiar. Y yo disfrutaba haciéndolo, me ayudaba a entender y a memorizar. Continué con ese hábito hasta la universidad.

Hoy día, sin esa habilidad convertida en hábito, no sería el escritor que soy. Resumir conceptos, sintetizar ideas, hacer sencillo lo complejo... son sin duda mis puntos fuertes como autor.

Más tarde, de adolescente, me di cuenta de la importancia de crear una disciplina de lectura y leer intensamente para ampliar mi cultura general. Estaba de suerte, mis padres eran buenos lectores y en casa teníamos centenares de libros, además de estar suscritos a un club de lectores. A los quince años decidí leer cincuenta libros al año. Lo cumplí en el primer año, después flojeé un poco (chicas o libros), pero sin duda era un lector que consumía decenas de libros al año.

Leer intensamente ha sido el hábito que me ha salvado la vida en diversos aspectos.

Pronto advertí que lo que no conseguía con mi CI lo alcanzaba con disciplina (motivación, pasión, corazón...). Y lo adopté como modus operandi. Los buenos resultados llegaron una y otra vez. La disciplina llegó donde no lo hacía mi CI. Siempre me ha funcionado. Este es mi consejo: si tienes un hijo no te preocupes por su inteligencia, enséñale autodisciplina y triunfará.

De mi madre aprendí a ser diligente: *lo que hay que hacer simplemente se hace.* Y rápido. Lo vi en ella una y otra vez y le funcionaba. Me lo he aplicado hasta la fecha: cuando toca hacer algo, lo hago sin demora y sin preguntas ni pérdidas de tiempo.

De mi padre aprendí a invertir en libros sin mirar siquiera su precio.

De mis lecturas aprendí a seguir el camino del corazón: guiarme por los valores esenciales del espíritu y dar cada paso inspirado en el amor.

Desconozco la razón por la cual siempre estoy motivado. Tal vez de pequeño me caí en un caldero de poción mágica y me lo bebí todo, como le ocurrió a Obélix. O el

Ángel de la Motivación puso esa semilla en mí antes de nacer. Sea como fuere, sus efectos no han remitido hasta la fecha, me levanto siempre motivado (y a veces hipermotivado). Nunca he necesitado de nadie que me motive, te aseguro que me sobran razones para construir una vida feliz.

Y no te creas el rollo de que para actuar, primero hay que estar motivado. Vaya chorrada. Eso es una estupidez. La gente debería saber que la motivación es una consecuencia de la acción. Primero actúas y luego te motivas; y no al revés, como cuenta la leyenda urbana de que necesitas motivación para actuar. ¡Lo que necesitas es disciplina, el ingrediente más importante del éxito!

Ahora imagina este cóctel: disciplina, diligencia, motivación, pasión... todo en partes iguales. Bien agitado. Añádanse unas gotas de angostura, una hoja de menta, una rodaja de lima, hielo... y sírvase frío. Imbatible. Este es el cóctel compuesto de mis armas secretas que compartiré contigo con la seguridad de que si las replicas conseguirás iguales y mayores éxitos en tu vida.

Hoy puedo decir que la disciplina me lo ha dado todo (todo es todo), y es mi superpoder de superhéroe: en mi uniforme con capa luce una enorme "D" de disciplina. La vía que he tomado es "el camino de la disciplina".

Pero no te equivoques, no es nada glamoroso, cada día bajo a la mina y pico duro la piedra. Hay que sudar la camiseta día sí y día también. Lo de la mina es una metáfora, pero lo de darle duro es real: nunca he dejado de trabajar intensivamente desde que empecé a los 24 años. Es por eso que me va bien. Recuerda que no puedo confiar demasiado en mi CI pero sí en mi disciplina.

Uno podría pensar que para encontrar oro en la vida, es suficiente con comprarse un buen pico (y una gran pala para recogerlo). Y un huevo. Si no usas el pico, nada ocurrirá. Y ese es el mal de hoy: demasiada gente se contenta con leer, saber, entender, asistir a seminarios... pero no aplican lo aprendido cuando más lo necesitan. En la mina, si profundizas lo suficiente encuentras oro. Y en el silencio de las galerías, acabas encontrándote a ti mismo. Esa es tu mayor recompensa.

Este es un libro extraño porque se enfoca en una forma de ser y de comportarse, no en la teoría. No digo que toda la acción sea exterior (comportamiento), mucha es interior (mentalidad). En ambos casos, si no se aplica uno a fondo, las cosas no cambian.

Cuando te vaya mal, dale duro. Cuando te vaya bien, dale más duro aún. No dejes de bajar a la mina a diario (si puedes, el fin de semana también). Recuerda que hay gente feliz y rica porque se emplea a fondo en su cometido.

¿Por qué una nueva lectura de superación personal? Porque la mayoría se han quedado en discursos teóricos. Y el tema de este libro va de remangarse y ensuciarse las manos. Pasar a la acción.

Este libro no tratará de convencerte de nada. Es un libro de instrucciones para actuar. Y no importa si te gustan o no. De igual manera que el médico no le pregunta al paciente si le gusta la receta.

Sé que el ego prefiere leer libros y después declararse en acuerdo o desacuerdo. Pero estar de acuerdo no cambia nada de nada. No busco que estés de acuerdo con el contenido de este libro, yo ya he testado su eficacia en mi vida. A ti te toca ver qué haces con sus instrucciones en la tuya. No leas para estar de acuerdo o no, mejor hazlo para llevarte al límite de tus posibilidades.

No necesitas entender, no necesitas motivación, no necesitas saber cómo... solo necesitas empezar. En este libro encontrarás el poder de la disciplina ilimitada para conseguir tus metas. ¿Empezamos?

Raimon Samsó, autor de los bestsellers: *El Código del Dinero, El Código de la Manifestación, El Código de la Disciplina.*

kriptonita

Apasiona

Mente

Sentimientos

Disciplinado

Voluntad

Esfuerzo

Acciones

Inspiración

Mental

Comportamiento

Hábitos

Disciplina

Autodisciplina

Decisiones

Fuerza

Espíritu

Personal

Habilidad

Músculo

Creencias

autodisciplina

Energía

Pensamientos

UNO

AUTODISCIPLINA ILIMITADA

En este capítulo voy a explicarte:

1. El músculo de la autodisciplina
2. ¿Cómo lo aplico?
3. La kriptonita de la disciplina

El músculo de la autodisciplina

La buena disciplina es autodisciplina, en otro caso se trata de imposición (orden de alguien más). Dicho de otro modo: la disciplina no se impone, se regala uno con ella. ¿Puede enseñarse y aprenderse? Claro, como toda habilidad, y aquí estamos tú y yo.

El Dalai Lama dijo en cierta ocasión que la verdadera disciplina no se impone. Solo puede venir del interior de nosotros mismos; estoy de acuerdo al cien por cien. Como verás, la autodisciplina es autoestima y el amor no puede imponerse; es una elección; o más aún, es una rendición, y es así como entiendo la naturaleza de la disciplina.

$$Autodisciplina = Autoestima$$

Sigamos, para mí, hay dos tipos de disciplinas: la interna y la externa. La primera tiene que ver con la observación atenta de los pensamientos, creencias y sentimientos. La segunda tiene que ver con comportamientos, hábitos y acciones. Para *tener* disciplina antes hay que *ser* disciplinado. Como siempre, el ser va antes que el hacer. Para comportarte de un determinado modo antes debes ser en tu interior alguien que se corresponda con ese comportamiento.

1. Disciplina interna.
2. Disciplina externa.

Las metáforas nos ayudan a entender y aquí tienes la que te ayudará a visualizar la disciplina como una habilidad que se puede desarrollar y entrenar. Igual que si vas a un gimnasio o a una pista de *running*. Cuando entiendas que la disciplina es un músculo que aumenta con su uso y que al crecer eleva tu vida, ya no dejarás de entrenarla para desarrollarla a voluntad. Esculpirás tu vida.

> *"Creo que la autodisciplina es algo como un músculo. Cuanto más lo ejercites, más fuerte se vuelve".* Daniel Goldstein

Pero cuidado, los músculos también necesitan descanso. El entrenamiento exige un tiempo de recuperación. Si agotas tu disciplina, estás forzando la máquina de la voluntad. Abandonas la inspiración y entras en la transpiración, lo que antes era un placer se convierte en un esfuerzo. Ya no generas energía sino que la gastas y eso te debilita. Pasas del poder a la fuerza.

Digamos que cada día te levantas con una reserva de energía mental y física, y cada decisión gasta una parte de ese saldo total disponible. Cuando a media mañana acabas con tu reserva diaria, terminas tomando o bien malas decisiones, o bien gastando más tiempo del necesario en tomarlas (o simplemente las pospones). Para no malgastar esa energía hay que convertir cuantas más decisiones en rutinas programadas o hábitos en los que delegar. De modo que no "vas andando" a los resultados que pretendes, simplemente "te subes" a un hábito y este te lleva allí.

Sales de casa por la mañana y en la puerta te espera tu chofer (un hábito) al volante de un Bentley Continental azul marino (rutina programada) que te lleva a donde tú le digas (resultados)...¿Suena bien verdad? Pues ya verás cómo esto mejora mientras avanzamos. Podrás conseguir una flota de vehículos entera a tu disposición pero antes deberás "construirla".

Mira, la única forma que conozco de recargar energía es a base de amor, la fuerza más poderosa del universo. Lo que nos lleva al siguiente principio universal:

Todo por devoción, nada por obligación.

Te lo digo en serio: no te obligues a nada. Ya has probado esa estrategia con anterioridad y no te ha funcionado, más bien te salió el tiro por la culata. Reconócelo.

Por esa razón, en todo el libro no me verás loar la "fuerza de voluntad" porque en realidad no la necesitas para nada. Si en algún momento te descubres forzándote a hacer algo... vas por el mal camino. Si tu estrategia se basa en forzar tu voluntad, estás jugando en tu contra. En mi método de disciplina ilimitada la fuente de energía proviene de la pasión.

La fatiga de la disciplina impuesta ocurre cuando entramos en el desgastante modo "fuerza de voluntad". Es un timo.

La buena disciplina de la que te hablaré, de la autoestima en acción, puede cansar tu cuerpo y tu mente, pero no agota tu espíritu. Son cosas diferentes, piénsalo. Toda tarea te pide descansar en algún momento, pero cuando está bien orientada no te exige retirarte y abandonar. Cuando entiendes esto, entiendes como opera la vida. Mi filosofía de vida no va de usar la fuerza sino de guiarse por el poder interior.

¿Puedes ser disciplinado en todo? No, claro que no, solo en lo que te apasiona, en lo que es tu prioridad, en lo que amas. Disciplinarse en lo que se detesta es masoquismo, una triste autoflagelación. Por eso habrás oído a tantísimos autores de desarrollo personal insistir en la importancia de dedicar tu vida a lo que más amas hacer. ¿Por qué? ¡Porque saben que no te disciplinarás nunca en lo que no amas!

Lo dicho: entrena el músculo de la disciplina, úsalo a diario y recupérate el fin de semana, y desarrollarás el Superpoder de los campeones. La disciplina tiene el poder de darte todo.

. . .

¿Cómo lo aplico?

Al simplificar tus decisiones triviales, reservas energía mental y tiempo para las que sí son importantes. Ganas concentración y enfoque. Eres un láser y avanzas a la velocidad de la luz. Consigues más resultados, más rápido.

Menos es más.

Menos decisiones, más tiempo y más energía disponible.

Más disciplina, menos vacilaciones.

Cuando simplificas la toma de decisiones, automatizas procesos. Por ejemplo, dónde y qué desayunas. Decide ahora y luego convierte tu elección en un automatismo en el que no hay que volver a pensar hasta nueva orden. ¿Para qué? Para pasar a enfocarte en otro detalle de tu vida más importante. Un hábito de este tipo te evita estar decidiendo cada mañana qué vas a comer y dónde. En mi caso tengo dos tipos de desayuno preestablecidos: el modo regular y el modo ayuno intermitente. Una vez que decido en qué modo empiezo el día, el resto ya está protocolizado.

Aunque parezca una nimiedad, es la suma de muchas decisiones pequeñas como esa que tomadas cada día agotan tu energía mental. ¿Recuerdas que dijimos que dispones de una reserva diaria? Y que una vez agotada, se toman malas decisiones...

Más ejemplos, en mi caso:

- Desayuno siempre lo mismo, incluso si lo tomo en un hotel.
- Establezco paquetes de suplementación diferentes para la mañana, el mediodía y la noche.
- Uso una única marca de zapatos que compro en una tienda *online* (no me hace falta ni probármelos).
- Visto siempre del mismo color y compro las prendas de una única marca. Solo uso jeans por su versatilidad. Al conocer bien sus tallas, puedo comprarlos *online*.
- Empiezo mis jornadas siempre igual, haciendo ejercicio en casa: una rutina de fuerza y otra de estiramientos.
- Me levanto de la cama siempre a la misma hora: a las seis de la mañana, no importa el día que sea ni las horas que haya dormido. Tomé esa decisión hace años y sigue vigente.
- Termino mis jornadas con el mismo ritual de acciones rutinarias para cerrar la casa y prepararme para dormir.

- Me asigno un máximo de tres tareas relevantes al día y empiezo por la más compleja.
- Me fijo un límite de horas de trabajo diario lo que me hace más productivo.
- No acepto ninguna propuesta o proyecto con el que no vibre.
- No suelo contestar al teléfono, aunque devuelvo las llamadas.
- Solo me exijo dar un nuevo paso cada día, pero no acepto menos.
- Me reinvento cada año a nivel profesional, al menos una vez.
- Simplifico cada año mi trabajo, ajustándolo al principio Pareto.
- Elegí aumentar un mínimo del 25% la facturación cada año.
- Me pido escribir un libro nuevo cada año como mínimo.
- Investigo en nutrición para hackear mi rendimiento, salud y biología.
- etc...

Todas esas decisiones se convierten en minirrutinas programadas, minihábitos, y hacen que libere tiempo para centrarme en otras cosas más relevantes. Al simplificar mis decisiones, ya están tomadas, y puedo enfocarme en prioridades.

Así es como actúan las personas de alto rendimiento y, aunque te parezca aburrido a primera vista, cuando lo pruebes te arrepentirás de no haber empezado antes a automatizar tus decisiones triviales. Y no, no es una vida automática, deshumanizada, ni robotizada... Cambiar las decisiones por hábitos y minihábitos te conducirá a una vida plena y muy satisfactoria.

> *"Nunca cambiarás tu vida hasta que no cambies algo que haces todos los días". John C. Maxwell*

Mira cómo me organizo:

- ¿Qué me voy a poner hoy? Para mí eso no es un problema, ya lo decidí hace años.
- ¿Qué haré hoy? Aquello que sienta más significativo y valioso. Fluyo.
- ¿Qué comeré hoy? Alimentos seleccionados con criterio para no intoxicarme.
- ¿Cuál es mi objetivo de este día? Ser feliz y no arrastrarme por ningún objetivo (no necesitar nada). Eso es el éxito.
- ¿Cuál es mi única decisión para hoy? Despertar cada vez que me duerma en la Matrix.
- ¿Cuánto escribiré hoy? Mil palabras.

- ¿Cuánto leeré hoy? Tanto como pueda.

Mi objetivo es tener menos objetivos. Mi decisión es tomar menos decisiones.

Dale un par de vueltas a esta idea hasta que descubras de cuánto estrés puedes librarte. El estrés mata tanto como la carretera. Y mientras tanto, sigue dándole duro a lo que sea que suponga tu aportación al bien del mundo. La filosofía del minihábito, hacer un poco cada día, va conmigo. Sí, resuena conmigo, al igual que la filosofía Kaizen: pequeñas mejoras constantes. Conseguir la grandeza con acciones pequeñas.

Mi consejo: si te va mal, aplícate al 100% con disciplina; y si te va de maravilla, aplícate al 200% con redoblada disciplina. Nada es más efímero que el éxito. Y nunca olvides que lo que te condujo al éxito, la disciplina, es lo único que te mantendrá en él.

LA KRIPTONITA DE LA DISCIPLINA

Si has leído o visto películas de Superman, sabrás que su poder era aniquilado por un mineral verde: la kriptonita. Los humanos también tenemos un talón de Aquiles, una debilidad que sabotea un estándar de resultados superiores. Identificarla y evitarla es nuestra tarea.

Además, todo superhéroe que se precie cuenta con antagonistas a su altura: los supervillanos o requetemalos. Pero no te enfades con ellos, no están ahí para fastidiar sino para "ayudar". Son un recurso inconsciente que utilizamos para hacer fracasar los delirios de especialidad. Créeme, nadie es especial, ni siquiera los superhéroes. Tú sabes de donde vienes y deberías recordar que puedes volver allí (o a un sitio peor) en menos de lo que canta un gallo.

Los supervillanos, los obstáculos y las resistencias a la disciplina están ahí para ponerte a prueba. Y para que midas cuánto quieres lo que quieres. Si de verdad quieres conseguir algo, nada de todo eso será un freno para ti. Pero si te rindes es que no lo querías lo suficiente, y será mejor dárselo a alguien que lo aprecie más. Ahora bien, si vences a tus oponentes no les ganas a ellos, te ganas a ti. Recuperas tu vida y su significado. La disciplina es el recordatorio de lo que deseas.

> "*Los líderes son aquellos que hacen lo que otros no están dispuestos a hacer, aunque tampoco sea de su gusto. Tienen la disciplina necesaria para hacer lo que saben que es importante y correcto, en lugar de lo que es fácil y divertido*". Robin Sharma

Y estos son los enemigos, la kriptonita, de la disciplina:

- Procrastinación
- Baja autoestima
- Impaciencia
- Pereza
- Miedo
- Excusas
- ...

¿Los reconoces? A veces se presentan con un antifaz, enmascarados en razonamientos surrealistas. Toda esa kriptonita se cura con el antídoto de la disciplina. Una buena dosis de disciplina en ayunas, antes del desayuno, y todo va de perlas. Cuando la excusa llegue, tú ya estarás trabajando, y en tu puerta lucirá este cartel: "No molesten, estoy construyendo una vida increíble". Y la excusa va a largarse con su música a otra parte.

Cuando pospones tu acción, a menudo es porque desconoces cómo irán las cosas. Actúa de todos modos. Empieza y luego Dios dirá. ☞ Dale al botón de Empezar.

Cuando temes no estar a la altura, no ser capaz o no poder es porque no te quieres lo suficiente. No amarás tus sueños si no te amas a ti antes. ☞ Dale al botón de Amar.

Cuando abandonas antes de empezar porque necesitas resultados inmediatos es porque no confías lo suficiente en el proceso, en ti y en la vida. ☞ Dale al botón de la Fe ciega.

Cuando te repites cada día que mañana empezarás, y te enredas en otros asuntos, es porque eres víctima de tu inercia. ☞ Dale al botón de Despegue inmediato.

Cuando sientes miedo al qué dirán, o a fallar, y no conseguirlo, es porque elegiste ver lo negativo y no lo positivo. ☞ Dale al botón del Optimismo.

Cuando te ahogas entre tus propias excusas es porque quieres el resultados pero no el proceso que te lleva a él. ☞ Dale al botón del Compromiso.

Si no consigues lo que deseas no es por culpa de los obstáculos sino por falta de compromiso.

¿Y dónde están todos esos botones?, seguramente te preguntarás. Como si fuera todo tan sencillo como pulsar un botón y acabar de un plumazo con todas esas resistencias. Bueno, en realidad no hay ningún botón que pulsar, pero tienes algo mejor: un corazón que seguir.

Toca tu corazón con esta pregunta: ¿Esto me conduce a lo que de verdad quiero? Y si haces silencio, tu corazón te responderá con sinceridad.

Solo síguele.

Él sabe.

LAS TRES IDEAS EN DOS FRASES:

1. La autodisciplina es un músculo que se fortalece al usarlo. Cuando eres disciplinado en una área de tu vida, es más sencillo serlo también en otras áreas porque reconoces sus beneficios.

2. Aplicarte en tareas diarias, sencillas y cotidianas, es la clave para emprender metas complejas. Como haces una cosa, cualquiera, haces todo en la vida.

3. Cada excusa que puedas inventar tiene un antídoto que la anula, aplícatelo en dosis generosas. Al final, descubrirás que todo problema es una falta de amor.

Ganadores
Obligaciones

Persistencia
Pasión
Coraje

Sueños   Libros Diamante
Miedo   Amor Hábitos
Poder   Corazón Intuición
Excusas
Esfuerzo   Autoestima Valentía
Disciplinarse   Disciplina
Paciencia   Discípulo Disciplinadas
Éxito   Entrenamiento
Negocio   Preparación
                Indisciplinadas

DOS

DISCIPLINA vs. ESFUERZO

En este capítulo voy a explicarte:

1. No va de obligación sino de amor incondicional
2. No va de sacrificio sino de pasión
3. No va de esfuerzo sino de rendición

NO VA DE OBLIGACIÓN SINO DE AMOR INCONDICIONAL

Disciplina proviene de "ser discípulo", lo cual significa adherirse a una idea (ser discípulo de una idea) y por lo tanto, elegir manifestarla. Hasta donde entiendo, disciplina es amor incondicional a una visión a la que te rindes.

Nada de "obligaciones", de "deberías", de "imposiciones", de "luchar"... todo eso es una leyenda negra que nada tiene que ver con el verdadero concepto de disciplina. Creo que se ha construido un inmerecido rechazo en torno a ese concepto, para que la persona promedio no acceda al superpoder de conseguir todo lo que desea.

> "La mayoría de las personas equiparan la disciplina a la ausencia de libertad. En realidad ocurre todo lo contrario. Solo las personas disciplinadas son realmente libres. Las indisciplinadas son esclavas". Stephen Covey

Sí, me temo que alguien muy malintencionado ideó palabras "feas" como:

- Rutinas
- Hábitos
- Disciplina
- Persistencia
- Paciencia

- Entrenamiento
- Preparación

Y lo hizo para enmascarar uno de los superpoderes más grandes del universo (la clave del éxito). Tal vez con esas palabras malsonantes para muchos se pretendió alejar a la muchedumbre de un recurso que vale más que diamantes: la disciplina. Pero yo he comprobado que esa lista de palabras es carbón cristalizado que esconde un diamante por pulir en su interior.

Si la persona promedio supiera que todo ese carbón que tizna su vida atesora valiosos diamantes que la harían brillar, dejaría de quejarse y trabajaría duro en pulirlas.

A mí las palabras de la anterior lista me suenan a gloria, a música celestial. Me enamoré de esos conceptos muy temprano en la vida, tal vez por eso siempre me ha ido muy bien en todos los aspectos.

Ahora, atiende bien a esto porque es fundamental: "La disciplina es la máxima prueba de autoestima".

Sí, en efecto: una persona que se quiere de verdad está comprometida a darse lo que desea, y sabe que el vehículo para conseguirlo es la autodisciplina ilimitada. Ahí lo dejo: las personas que se aman a si mismas de verdad son disciplinadas. Y las personas que se detestan (y no lo saben) se niegan sus sueños al renunciar a la disciplina.

Vuelve a leerlo porque es la única forma de entender por qué en el mundo hay "ganadores" y "perdedores". En el fondo, solo hay gente que se quiere y gente que no se quiere. Punto. Y tú deberás saber en qué grupo estás.

Cuando usas tu corazón, y el amor, como brújula, andas por el camino del corazón. No es garantía de que las cosas sean más sencillas; pero cuando se pongan difíciles, cosa que sucederá, contarás con la fuerza más poderosa del universo para afrontar los obstáculos.

Camino del Corazón = Camino de la Disciplina

Perseguir tus sueños no exige valentía (esa es una palabreja del ego). Precisas "coraje", que significa precisamente eso: "seguir el camino del corazón". Tú, y todos, sabemos cuando algo resuena con nosotros, las sensaciones nos señalan donde está nuestra verdad. Ignorar esa señal es un mal negocio, es como hacerse trampas al solitario. No sacas nada en limpio.

Yo no renuncié a un empleo, con contrato fijo y bien pagado, por valentía. En todo caso, habría que atribuírseme cobardía o miedo a una vida gris y desgraciada. Creo que no dimití, más bien abandoné el barco precipitadamente. Lo que sí sé es que actué guiado por el coraje de ser yo mismo. Y en aras de recuperar mi autorrespeto, arriesgué lo conocido -pero que no amaba- por lo desconocido y que sí amaba.

El universo no busca valientes, busca personas con coraje que manden su miedo al carajo.

Ya estás en condiciones de asumir que:

Disciplina = Amor incondicional + pasión + rendición

Nada de obligación, sacrificio y esfuerzo... todo eso queda para los indisciplinados.

No quiero acabar este apartado sin unas palabras sobre la preparación. Ahí van...

Soy de los que se preparan con formación y aprendizaje intensivo y por esa misma razón sé que nunca estaré preparado al 100%. Por eso no me permito ponerme excusas como: "Cuando esté preparado, empezaré", "Primero me prepararé", "Ahora no es el momento", "No me siento listo", etc. ¿Te suenan? Son excusas basadas en el miedo que te frenan y dinamitan tus sueños de una vida mejor. A menos que proyectes un viaje a Marte u operar de la cabeza a alguien, olvídate de la preparación, tan solo empieza.

Yo actúo y me preparo a la vez (algunas veces actúo sin preparación, es decir actúo y me preparo después). Por ejemplo, cuando empecé mi práctica de *life coach*, no poseía ninguna formación ni acreditación. Simplemente empecé con lo que sabía luego de leer unos cuantos libros sobre el tema; y ya después de algunos clientes, me formé como *coach* en una escuela especializada. ¿Lo ves?

Esperar a un "momento mejor" o a "estar listo" es una autoestafa. Ahora mismo es perfecto para empezar. La espera no te ayudará, al contrario, te frenará. De hecho, el mejor momento para empezar fue hace diez o veinte años. No sé qué procrastinas pero ya estás tardando.

El mundo está lleno de personas que esperan el día en que se sientan plenamente preparados para darse permiso para actuar. En su lápida escribirán: "Aquí yace uno que espera estar preparado". R.I.P.

PD: No esperes que alguien te dé el visto bueno para empezar. Eso no va a pasar. Por favor, quiérete un poquito más, y concédete permiso ahora. No te prepares, empieza ahora. La acción es tu preparación.

NO VA DE SACRIFICIO SINO DE PASIÓN

Muchas personas se preguntan cómo conseguir sus objetivos, creyendo que existen muchos y diferentes caminos. Desde mi cosmovisión solo hay un camino y solo una elección, así de fácil. El único camino viable es "el camino del corazón" y la elección si vas a seguirlo o no. Eso es todo, no te compliques. El resto son películas mentales.

¿Tienes un corazón? Desde luego, pero ¿escuchas su voz? Y lo más importante, ¿le haces caso?

Te prometo que una vez que sigas los dictados de tu corazón, ya no dudarás, todas tus elecciones se tomarán al responder esta pregunta: ¿es esto lo que de verdad quiero? Si la respuesta es "no", tengo una pregunta adicional (bonus): entonces, ¿qué es lo que quiero?

Y sales de dudas *ipso facto*. Listo, si has hecho una derrapada hacia la cuneta, estas dos preguntas te devolverán a la calzada.

Las dudas son el beso de la muerte. Embrutecen la mente, frenan la acción. Sumen en la más absoluta confusión mental. Y créeme, no hay duda pequeña, todas son igual de chingadas: la argucia que utiliza tu mente para frenarte y estafarte la vida que deseas. Sé muy bien que dudar es una expresión de miedo. Y ya debes saber que el miedo no te protege de nada; al revés, te quita todo en la vida.

Sinónimos de miedo: sufrimiento, soledad, ansiedad, preocupación, separación, duda... y cualquier emoción que te arrebate la paz.

He llegado a la conclusión de que la mente se enreda en sus películas y fantasías, pero el corazón sabe siempre. Examina tu pasado, ¿cuántas veces te engañaste a ti mismo, aunque en el fondo de tu ser sabías que tu elección debía ser otra?

> "Una mente disciplinada conduce a la felicidad, y una mente indisciplinada conduce al sufrimiento". Dalai Lama

Hay dos vidas posibles: la que elige el mundo por ti y la que elige tu corazón. Y solo eres feliz en un caso, adivina cuál.

Ahora, ¿cómo sabes si estás en una vía o en la otra? Es más sencillo de lo que piensas. Antes de nacer estableciste dos emociones para guiarte: el miedo y el amor. Si sufres sigues el camino equivocado. Si estás en paz, vas por el camino verdadero.

Decide no sacrificarte más, no hacer nada en lo que no creas plenamente (ni siquiera por dinero, ni siquiera por tu familia). Por favor, no hagas ni participes en nada que no ames incondicionalmente. Sí, ya sé que eso parece imposible. El mundo se ha asegurado de convencerte de que eso es "egoísta" o *"happy flower"*. Y un huevo.

Si sufres, plantéatelo. Vuelve a elegir de nuevo porque hay otro modo de vivir tu vida: llena de pasión y exenta de sufrimiento mental. Aunque te parezca increíble, así es.

¿Y qué tiene que ver todo esto con la disciplina? Todo. Es la manera en que saldrás del "modo sufrimiento". Las personas felices, satisfechas, exitosas... disciplinan su pensamiento. No es una labor puntual sino continua, ya sabes que en la Matrix en la que vives la locura parece muy real. Tan solo sé disciplinado y regresa al camino de la disciplina de corazón cada vez que sientas el impulso de tomar un desvío.

Y todo irá bien.

No va de esfuerzo sino de rendición

Tengo claro que ahí afuera, en el mundo de las cosas, no hay enemigos. El ego es el único obstáculo. Cuando trasciendes sus limitaciones, recuperas el poder al que renunciaste cuando te confundiste con tu personaje.

Y al ego le encanta el esfuerzo, el sacrificio, victimizarse... el conflicto y la lucha en la que no hay vencedores. ¿Cómo vas a ganar si ya empiezas perdiendo? En mi cosmovisión las aparentes pérdidas se transforman en aparentes victorias: cuando sigues el camino del corazón no existen semejantes conceptos.

> *"La disciplina tiene enemigos, y uno de ellos eres tú". David Powning*

He aprendido a amar una palabra que mi ego detestaba: "rendición". No me malinterpretes, no se trata de abandonar tus metas sino de dejar de luchar por ellas. Para mí la lucha, la competencia, es un juego ridículo del ego. La rendición es siempre al amor.

No es fuerza lo que necesitamos para conseguir nuestros objetivos, sino el poder de la disciplina. Impulsado por ese amor incondicional hacia un resultado o tarea, las cosas suceden con el orden del cosmos. La disciplina en acción es una expresión de amor. No hay mayor acto de amor que entregarse al detalle de una tarea por pequeña que sea.

La fuerza es el recurso inútil del ego que lucha a solas por sus objetivos. Como el uso de la fuerza resta energía, tarde o temprano el ego flaquea y cae.

La alternativa al esfuerzo es la rendición al proceso, sus tiempos y maneras. Aquí es donde entra en juego el hábito de la disciplina, que no es más que la buena costumbre de entregar cada paso -en una dulce rendición- al amor.

El poder de la disciplina implica energía ilimitada para concluir cualquier tarea. Te permite ser más influyente en el trabajo sin que tengas que echarle más tiempo y energía. Disciplina no significa más trabajo, sino pequeñas acciones repetidas en el tiempo. Una acción disciplinada puede tomarte unos minutos nada más (por ejemplo, hacer un zumo de apio) y cambiarte la vida en algún aspecto.

Disciplina no es más trabajo, es más resultados. Creo que si más gente entendiera este principio sencillo habría más personas realizadas y exitosas.

Para rendirse al amor hay que tener mucho coraje y cero valentía. Rendirse al amor es decidir que sea su poder el que dirija tu vida. Rendirse al amor es de atrevidos. Pues hay que ser muy coherente para avanzar a contracorriente, en oposición a lo que enseña el mundo.

La disciplina es la rendición al ritmo natural de los acontecimientos sin demasiadas expectativas. "¿Cuánto tiempo tomará conseguir un resultado?", es una mala pregunta porque la respuesta es evidente: el necesario, ni un segundo más ni un segundo menos. Disciplina es hacer lo que hay que hacer el tiempo que toca hacerlo. Ríndete al reloj interno de cada proceso sin tratar de imponer tu agenda, y "tu modo de hacer las cosas".

"Paso a paso" es la mejor velocidad de crucero. Espera una partida larga.

Rendirse a la guía interior hace una gran diferencia. He llegado a la conclusión de que no tengo ni idea de qué es mejor para mí, y mucho menos para los demás. Por eso me dejo guiar. En el pasado me he equivocado tantas veces que renuncio a querer saber todo. En consecuencia, cuando me rendí al sabio interior, llegué a mejores puertos, y las travesías fueron más interesantes.

Le debo todo a la disciplina.

LAS TRES IDEAS EN DOS FRASES:

1. La disciplina no es obligación sino devoción. No es una imposición externa, una orden, sino una elección interna (una liberación).
2. Cuando descubres lo que te da la disciplina, no te supone ningún esfuerzo aplicarte a ella. Al

contrario, no puedes dejar de disciplinarte aún más y en más áreas de tu vida.

3. Rendirse al amor es la forma de autoestima más elevada y refinada. Las personas que se respetan, y se aman a si mismas, se dan todo a través de la autodisciplina.

Cambia
Deseo
Hacer
Futuro
Disciplina
Autoengaño

Cambiar
Amor   Éxito Invertir
Fácil   Pensar Ganadores
Todo   Hábito   Prepararse
Difícil   Automatica Idea
Disfrutar Autodisciplina
Excusas Satisfacción Discípulo Voluntad
Lograr Imposición Aplicado
Imponerse Resultado Acción
              Movimiento Resistencias

TRES

LA DISCIPLINA ES UN HÁBITO

En este capítulo voy a explicarte:

1. CONVIERTE LA DISCIPLINA EN UN HÁBITO AUTOMÁTICO
2. AUTODISCIPLINA: ELECCIÓN SIN IMPOSICIÓN
3. DISCIPLINA AUTOMÁTICA: HÁBITOS QUE CONSTRUYEN ÉXITO

CONVIERTE LA DISCIPLINA EN UN HÁBITO AUTOMÁTICO

Las personas disciplinadas diseñan rutinas en su agenda diaria. Están tan incorporadas a su agenda que se hacen sin pensar en ellas, son automáticas. ¡Guau! Imagina andar por la vida pertrechado con los hábitos ganadores de los megaexitosos. ¡Y sin tener que pensar en ello! Es como tener éxito y no saber cómo. Simplemente sucede.

Hábitos automáticos que son una segunda piel, parte del ADN, un estado mental. Casi ni se ven pero se notan y mucho. Me atrevo a decir que son "involuntarios".

Los procesos automáticos son más fáciles de hacer que de no hacer. Exigiría más resistencia no hacerlos que hacerlo. Son tan automáticos que no hay esfuerzo.

Hábitos buenos o malos, pero según qué elige cada cual, su vida puede ser muy diferente. Somos hijos de nuestras elecciones previas y también de nuestros hábitos.

Para ciertas personas:

- Ser ricas es más sencillo que ser pobres.
- Estar sanas es más natural que estar enfermas.
- Estar de buen humor es más fácil que estar de mal humor.
- Ser creativas es más normal que carecer de ideas.
- Etc...

Lo que es inconsciente y no puedes ver gobierna tu vida. Al ser parte de tu estructura, se hace invisible a los ojos (los ojos tampoco pueden verse a si mismos). Y la disciplina te gobierna como un estado mental. Está tan integrada que no puedes entender tu vida sin ella (la disciplina eres tú). No la *tienes* sino que *es* tu naturaleza.

Y al formar parte de tu mentalidad, lo toca todo. Eres disciplinado en todo lo que te interesa, e indisciplinado en lo que no te interesa (tal y como debe ser).

> *"Con este ingrediente mágico, puedes lograr cualquier cosa y todo lo que quieras, y se llama autodisciplina".* Brian Tracy

Cuando amas un resultado, y eliges ser disciplinado en sus causas, lo consigues. Te costaría más no hacerlo que hacerlo. Un ejemplo, cuando te enamoras no precisas que te motiven, o te obliguen, a citarte con la persona que amas. Al contrario, te enfocas en encontrarte con esa persona tanto como puedas. Es superior a ti y no paras hasta conseguirlo.

Lo automático ocurre sin pensarlo y sin ni vacilación. Está programado para que suceda. Ahora imagina: el éxito automático, la felicidad automática, la riqueza automática, la salud automática... No es ciencia ficción, cuando automatizas sus causas, los efectos no pueden no ocurrir.

Crea un hábito, hazlo automático y olvídate del resto... En piloto automático llegarás a cualquier destino mientras tu foco si acaso esté en otra parte.

Hábito automático = Éxito automático

Cuestiona tu nivel de éxito actual, niégate a aceptar el hecho de no tener el doble de éxito a estas alturas de la vida. Y si no te va bien en algún aspecto, plántate seriamente. Deja de hacer lo que haces y cambia de estrategia.

En realidad, el fracaso es antinatural. Estamos diseñados para ser exitosos, abundantes y felices. Y si eso no ocurre es porque hemos *hackeado* las instrucciones de la vida. Haz de lo bueno de la vida un hábito, regresa a tu configuración de origen.

Introduce el factor *"in love"* a todos tus asuntos. No te metas en lo que no amas al 100%. O en lo que no crees al 100%. Déjaselo a otros que lo quieran más que tú. Deberías perseguir todas tus metas desde el amor y no desde el miedo. Solo siguiendo esta pauta, amortizas mil veces el coste de este libro.

Ejemplo: una persona le dice a un virtuoso del piano: "Lo daría todo para tocar de ese modo a Mozart". A lo que el pianista responde: ¿Y qué cree que hecho al practicar ocho horas diarias durante treinta años?". El oyente se enamoró de los efectos, el pianista también se enamoró de las causas. Si te enamoraras tanto de las causas como de los efectos, no precisarías de la disciplina. Sencillamente no podría hacer otra cosa.

Amor por los efectos = Soñar
Amor por las causas = Triunfar

La pasión hace imbatible, desde luego, pero cuando se enfoca en el interruptor de activación.

AUTODISCIPLINA: ELECCIÓN SIN IMPOSICIÓN

Me gusta el concepto de autodisciplina porque define un matiz importante: la disciplina proviene de uno mismo, es una elección voluntaria. Y en ningún caso es una imposición que procede de afuera (orden).

> "Solo pude lograr el éxito en mi vida a través de la autodisciplina, y la apliqué hasta que mi deseo y mi voluntad se convirtieron en uno". Nikola Tesla

Ya he señalado que disciplina significa ser discípulo de una idea: es amor en acción. ¿Cómo podría el amor imponerse? Si fuera forzado ya no sería amor sino tal vez interés o un gran autoengaño. La disciplina no puede ser nunca una imposición.

A estas alturas te preguntarás, ¿cómo entrar en estado de autodisciplina automática?

Hace años di con una regla de oro que he aplicado con mucho éxito. Me basta con recordarla para desvanecer todas las excusas y resistencias que me invento a la hora de pasar a la acción. Ante la duda: deja de pensar y muévete. Entre pensar y hacer, elige siempre hacer. El movimiento cambia la química de tu cerebro y te permite ver con claridad.

Aquí está la regla de oro:

> Lo fácil a corto plazo lleva a una vida difícil a largo plazo.
> Lo difícil a corto plazo lleva a una vida fácil a largo plazo.

Es la misma diferencia, en términos económicos, que hay entre gastar e invertir. Lo que gastas lo pierdes para siempre, lo que inviertes lo recuperas aumentado. Es muy fácil de recordar: son dos frases simétricas que pueden cambiar tu vida. Lo hicieron con la mía.

Un ejemplo: preparar un examen siempre es incómodo, resulta más atractivo dedicar esa montaña de tiempo a pasarlo bien. Pero no superar una prueba te tira de la lista. No cuentas para el mundo académico y eso será para siempre. ¿No habría sido mejor invertir un par de semanas en prepararse y gozar del resultado por el resto de tu vida?

Otro ejemplo, zamparte un pastelillo ahora te proporciona una satisfacción en el paladar de cinco segundos que se convertirá en chichas que colgarán de ti por el resto de los tiempos. Disculpa que sea tan crudo pero quiero asegurarme de que ves la diferencia entre disfrutar un instante y disfrutar décadas.

Se han hecho estudios que miden el nivel de éxito de personas que persiguen la satisfacción inmediata, y todos pintan un futuro desolador. Los ganadores son personas que sin excepción son capaces de posponer su gratificación inmediata a otro momento futuro. Decenas de estudios demuestran que la disciplina es el hábito más importante para tener éxito. ¿Cómo no leíste este libro antes?

Yo lo tengo muy claro, amo lo difícil por sistema. No es porque sea muy sufrido, es que ya he comprobado las ventajas de proceder así. Así que dejo a los demás que gasten y despilfarren lo que quieran, yo invierto y reinvierto.

Me quedo con lo difícil, a veces durante mis jornada me apunto incluso a lo imposible. Pueden pasarme a mí todo lo que les parezca difícil, se pueden quedar con lo facilón. Sé que cuánto más difícil, mayor es mi recompensa.

Creo que se usa la palabra "difícil" gratuitamente: "esto es difícil", "es muy difícil", "no es nada fácil", "se hace complicado"... Están en boca de los *losers*. Cuando escucho esa palabrita sé que se usa como excusa. En realidad, lo que quieren decir es que no lo harán. Las personas no suelen elegir lo difícil, sino lo fácil, y por eso sus vidas son tan difíciles. Y lo expresan así:

Es difícil = No lo haré

Cuando alguien le pone la etiqueta de "difícil" a algo, lo archiva en el trastero de asuntos descartados. ¿Cuántos tienen un almacén de sueños rotos con esa etiqueta (difícil) pegada en su envoltorio? Al usar esa palabra expresan varias cosas a la vez. La primera es que ellos son "fáciles" ya que solo se atreven con lo fácil y no con lo difícil. Como son fáciles, sus logros también son fáciles. La segunda, que no lo harán.

Cuando los indisciplinados declaran algo como difícil, hablan desde sus miedos. Miedo a lo que sea: miedo a no saber hacerlo, miedo a lo desconocido, miedo al error, miedo a no conseguirlo, miedo al qué dirán, etc. Y el miedo es la ausencia total de amor. Es decir, declarar algo como difícil muestra una gran falta de compromiso: presencia de miedo y ausencia de amor. Lo siento por ellos, su vida podría ser muy diferente.

Recuerda este axioma: lo que nunca has hecho no puede ser difícil (¿si no lo has hecho nunca cómo sabes que es difícil?).

Te propongo no usar jamás (sí, jamás) esa palabreja deprimente ("difícil"), erradicarla de tu vocabulario. Si la oyes por ahí hazte el loco. "Difícil" es una expresión tan perdedora como "fácil". Dos conceptos surrealistas. Una persona evolucionada no usa esos dos términos porque no repara en el nivel de dificultad sino en el de compromiso. Hacen las cosas no porque sean fáciles o difíciles sino porque eligen hacerlas... ahora estoy parafraseando a John F. Kennedy.

Puedes probar a sustituirla por: interesante, apasionante, motivante... Es decir cualquier sinónimo que exprese: amor, pasión, compromiso... Y tu vida cambiará, garantizado.

Yo me pido todo lo difícil, lo fácil no me interesa. Cuando me enamoré de lo "difícil", mi vida se hizo sencilla, suave y apasionante. Di un salto cuántico y pasé a otro nivel.

DISCIPLINA AUTOMÁTICA: HÁBITOS QUE CONSTRUYEN ÉXITO

Un hábito, para mí, es un automatismo programado que se hace inconsciente. Más o menos. La idea es automatizar procesos deliberados que conducen a resultados predecibles.

Por ejemplo, mi hábito de andar media hora cada día a buen paso, forma parte de mi agenda. Puedo cambiar la ruta o no, es secundario. Lo que cuenta es el ejercicio aeróbico de baja intensidad. Mientras, para aprovechar el tiempo, escucho podcast de negocios, salud, espiritualidad... Es un baño de oxigenación y conocimiento. También dedico 10 minutos a ejercicios de fuerza y 10 minutos de meditación. Con veinte minutos por la mañana y treinta por la tarde salgo al paso. Parece poco pero con los años es mucho.

Otro ejemplo, cuando tomo mi café *bulletproff* del día aprovecho para leer unas páginas de los cientos de textos inspiradores que atesoro. Recargo mi mente y espíritu a la vez. Por mi casa han pasado miles de libros, aunque me deshago de ellos una vez leídos. Y solo retengo cerca de mí aquellos que son la leche.

Todo esto son hábitos programados, construidos pieza a pieza, como un mecano. Suponen atención y trabajo mientras se construyen, pero adivina qué: una vez establecidos, ellos construirán un nuevo yo y una nueva vida. ¿No es genial?

Construye un nuevo hábito y él construirá una vida nueva. En efecto, puedes reinventar tu vida ahora mismo (diseñarla de arriba abajo). ¿Y cómo se hace eso? Averigua cómo piensan y actúan las personas que consiguen lo mismo que tú quieres conseguir. Es fácil averiguarlo porque lo comparten en redes sociales, blogs, vlogs, videos, libros, entrevistas, etc. Después implementa los nuevos paradigmas (software actualizado) y nuevos comportamientos (hardware renovado). Y espera acontecimientos... el castillo de fuegos no tardará en empezar.

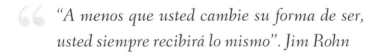 *"A menos que usted cambie su forma de ser, usted siempre recibirá lo mismo". Jim Rohn*

No hay nada más revolucionario en la vida que revisar los paradigmas dominantes y desechar las creencias que han demostrado ser inútiles (no digamos ya las que han resultado contraproducentes). Demasiada gente cree demasiadas cosas que nunca han sido verdad. Llevan a cuestas una mochila de piedras que no les deja avanzar; y como no la ven, creen que no pueden.

Si quieres saber cómo actualizar tus programas mentales, te diré que es tan sencillo como actualizar tus app o el sistema operativo de tu ordenador. Haz esto: busca a los autores que admiras, y síguelos. Cuando alertas de aviso de un nuevo libro, dale a: comprar, leer, subrayar lo que te sirva, enviarte las notas a tu PC, imprimirlas, releerlas e instalarlas en tu mente.

Es como construir un auto, al que después te subirás, y que está programado para llevarte al destino para el que se diseñó. Sin extravíos. Mejor aún, es un cohete, al que te subirás, cuyo plan de vuelo te llevará a la Luna. Eso para mí es un hábito: un cohete. ¡*Rocket man*!

Aviso, un cohete te lleva muy rápido (seguro que vas a despeinarte) a donde sea que apunte. Si se trata de un capullo con malos hábitos, la miseria es su siguiente parada. Pero si se trata de una persona guay que aspira a la iluminación, terminará en algún lugar molón. Hay malos y buenos hábitos y nuestra tarea es elegir cuidadosamente. Formúlate esta pregunta para hacer la colada vital: "¿Esta creencia / comportamiento a dónde me lleva?".

Lo dicho, colecciona creencias y comportamientos ganadores, y el éxito será inevitable, pase lo que pase a tu alrededor. El contexto es irrelevante para aquellos que arman a su alrededor el contexto del éxito. Crea tu plataforma de autolanzamiento como hombre/mujer-cohete, apunta a las galaxias que planeas conquistar. El amor es tu combustible, los motores son tus hábitos automáticos apuntando a las estrellas... 3, 2, 1, ¡Ignición!

LAS TRES IDEAS EN DOS FRASES:

1. Un hábito automático te permite automatizar los protocolos de éxito para que sea inevitable. Todo deseo lleva adheridos unos hábitos: descúbrelos, implántalos y replícalos con disciplina.

2. Busca lo difícil y desprecia lo fácil. Las vidas facilonas no conducen a conseguir los deseos de la gente ni a su transformación como seres humanos.

3. Construye un hábito y comprueba como disciplinarte en él construye una vida nueva a tu alrededor. Un hábito automático te da mucho más de lo que te cuesta.

Seguridad

Velocidad

Significativos

Enfoque

Disciplina

la regla 24 horas   espiritualidad inversa

Actuar   Empezar

Desde   Productividad

Magia   Acciones

Flujo

Éxito

Disciplinarte   Sincronicidad   Actúa

Esencial   Concentración

Método   Compromiso

Ilimitada   Iniciativa   Fluir

CUATRO

ACCIÓN INMEDIATA

En este capítulo voy a explicarte:

1. "LA REGLA DE LAS 24 HORAS"

2. ESTADO DE FLUJO

3. ESPIRITUALIDAD INVERSA

"LA REGLA DE LAS 24 HORAS"

Mi táctica favorita tiene cuatro palabras: pasar a la acción. Soy un auténtico fan de la acción, cuando hay algo que requiere ser hecho no puedo no hacerlo. Es superior a mí. Hay gente que ordena su casa compulsivamente, otros se lavan las manos cada poco, hay quien está obsesionado por estar siempre moreno, y algunos se tatúan hasta el carnet de identidad... todas obsesiones respetables, pero a mí me va pasar a la acción porque conozco la magia de empezar.

Y mi regla favorita es la regla "de las 24 horas". Consiste en actuar en menos de un día después de tomar una decisión, ni más ni menos. No importa qué hacer, solo me exijo empezar antes de que transcurran 24 horas. Me pido una acción simple pero inmediata. Normalmente no agoto ese plazo porque sé que si dejo pasar más tiempo, lo olvidaré y las oportunidades auspiciosas buscarán a alguien más comprometido.

Empezar puede consistir en:

- Una llamada telefónica.
- Trazar un mapa mental con las primeras ideas.
- Diseñar el proceso.
- Adquirir las herramientas.
- Leer un libro sobre el tema.
- Agendar una tarea.
- Pedir un consejo.
- ...

Y lo que más me mola de esta regla es que me pone en marcha. Resuelve lo más difícil que es romper la inercia de pensar y pensar y pensar... y no hacer nada.

Empezar tiene magia. Lo segundo que ocurre es que empiezan a suceder "cosas".

> "*El éxito no es más que unas pocas disciplinas simples, practicadas todos los días*".
> *Jim Rohn*

La acción revela oportunidades que la inercia encubre. Cuando das un paso, aunque sea pequeño, se revela el segundo, y pronto el tercero. A todos los que me preguntan: "¿Cómo...? La respuesta es siempre la misma: "Empieza y descubrirás tu cómo". No hay un mapa preestablecido, el camino se revela a sí mismo mientras lo andas. Solo empieza y verás las cosas que van a suceder. La acción activa la magia. Dicho de otra forma: cuando te comprometes y actúas, la vida se suma a tu iniciativa y activa los recursos clave para que lo consigas.

- Si decides hacer ejercicio, hoy empieza comprando unas zapatillas.
- Si decides escribir una novela, hoy inventa el título.
- Si decides crear un negocio, llama hoy a tu gestor administrativo.
- Si decides perder peso, la siguiente comida ha de respetar la dieta elegida.

- Si decides leer más, entra ahora mismo en Amazon y pide un libro.

En el entretiempo, mientras reúnes recursos antes del segundo paso, puedes hacerte preguntas movilizadoras como estas:

- ¿Cuál es el siguiente paso?
- ¿Qué acciones te ayudarían a conseguir tu objetivo?
- ¿Qué pequeño paso sería importante dar?
- ¿Qué voy a hacer en las próximas 24 horas?
- ¿Qué haría en mi lugar la persona más sabia del mundo?
- ¿Qué acciones debería incluir en el plan?
- ¿Qué hice antes que funcionó?
- ¿Cuáles serán los principales hitos?

Las buenas preguntas despiertan nuevos estados de conciencia. Buscan la mentalidad desde la cual actuar es del todo inevitable. Es mucho mejor que te preguntes cuál es el primer paso, en lugar de tratar de saber cómo será todo el viaje.

Así que, resumiendo, cuando tengas una intuición simplemente actúa. Cuanto más rápido actúes, más intuiciones tendrás y tu vida será creativa.

Muchas personas esperan saber todos los pasos necesarios para alcanzar su objetivo; pero las cosas no funcionan así. El Cosmos nunca te los muestra a la vez. Tú deberás coleccionar esos pasos uno por uno, ponerlos juntos, y construir el camino al resultado final.

Actúa, da un paso de bebé, y luego otro, y otro más... y en cada momento el siguiente paso se revelará. Ese es el camino de la disciplina.

Estado de flujo

Fluir es una palabra bastante *hippy*, pero después de leer a Joseph Jaworski (autor del libro Sincronicidad) me di cuenta de que en realidad es un asunto de ciencia. El autor relaciona los conceptos fluir y sincronicidades como el despliegue del orden creativo implícito a través de nuestras acciones. Para que se entienda: cuando confías en el proceso, y entras en un estado de conciencia colaborativo, el Cosmos opera a través de ti creando la parte difícil del plan.

Igual que a Jaworski, desde el momento en que me comprometí a ser escritor, todo se reordenó. Tal como reconoce él: "Las cosas empezaron a encajar: incidentes imprevistos y encuentros con las personas adecuadas acabarían prestándome una ayuda inestimable. Todo tipo de incidentes imprevistos, encuentros y apoyo material con los que ningún hombre podría haber soñado". Ese es el poder de las sincronicidades.

El camino de la disciplina activa las sincronicidades.

El compromiso, con el camino del corazón, es el umbral a una dimensión donde la magia de la disciplina lo consigue todo. Sabrás que mantienes el compromiso adecuado cuando dejas de esperar todas las respuestas a tus preguntas y actúas aun sin saber todo por anticipado. Dios proveerá.

Cuando yo era niño, recuerdo que en clase de gimnasia se nos exigía saltar el plinto y el potro. Se me daba muy bien pero no me preguntes cómo lo hacía. No pensaba, hacía lo que tenía que hacer, eso es todo. Simplemente corría todo lo que podía hacia aquellos obstáculos inmóviles y pesados y lanzaba mi cuerpo por encima de ellos. Sé que realizaba una serie de acciones para superarlos y conseguir una salida equilibrada, pero no me preguntes qué hacía, ni cómo. De pronto, me encontraba de pie en la colchoneta con los brazos levantados y los pies juntos y bien plantados. Era todo inconsciente y automático, así fue mi primera experiencia de flujo.

Lanza tu corazón y tu cuerpo le seguirá.

Eso mismo he estado haciendo el resto de mi vida: concentración, enfoque, acción disciplinada... y Dios dirá. La verdad es que me ha salido bien. Me he entregado al orden creativo que se despliega ante mí. Y no me preguntes qué pasó ni cómo: no tengo ni la menor idea. Cuando saltaba el plinto, daba una voltereta encima de él, y salía despedido por el otro extremo, aunque no sé qué hacía durante esos segundos. Y eso mismo te propongo a ti: empezar y actuar y los detalles se revelarán en su momento.

Pides inspiración y renuncias a hacer las cosas "a tu manera" para pasar a hacerlas como es debido. Y no puedo decirte más porque no sabría explicarlo. Tienes que experimentar el estado de flujo por ti mismo. Ya no trato de entender lo que no necesito o no puedo entender. He visto a muchos caer en la trampa mental de querer comprender antes de actuar, y ya puedes imaginarte cómo les va.

El estado de flujo es mi técnica preferida para aumentar la productividad. Lo que tiene que hacerse se hace a través de mí, y como es un hábito mental se activa de forma inconsciente. Cuando se te requiera, lo sabrás. El resto corre por cuenta de lo insondable. Es un hábito (estado de flujo). Y al disciplinarte en él, entras en un estado de Gracia.

Cuando estás en flujo, ingresas en el acontecer natural del universo. Un inmenso sentimiento de orden, sentido y perfección se apodera de ti y envuelve tus asuntos. No es nada que provenga de ti, es una asociación con el Cosmos que puede conseguir todo el mundo. No hay elegidos, ni personas especiales. La vida no tiene favoritos.

> *"El secreto para salir adelante es comenzar".*
> *Mark Twain*

Corre hacia lo que quieres, actúa. Lanza tu corazón a lo que amas... y todo tu cuerpo y tu vida le seguirán.

¿Es una temeridad? Sí, tanto como correr a toda velocidad hacia un plinto inmóvil y pesado que supera tu peso y que no tiene intención de apartarse de tu camino, así que o vuelas o te estrellas. Eso es lo que te estoy proponiendo: la valentía de echar a correr. Empezar a volar. El resto son detalles que no están en tu mano.

Te preguntarás por qué la vida espera de ti que actúes y después te permitas fluir... La respuesta es esta: en estado de flujo entras en conexión con tu Yo esencial, con la Fuente, con el Potencial Infinito y se activa la maravilla de las maravillas: las sincronicidades (cadenas ordenadas de acontecimientos altamente significativos). Para que entiendas este último concepto te diré que es la magia trabajando para ti. ¡Oh!

Todo cambia cuando descubres la Gran Verdad:

Nada depende de ti

Y a la vez:

Eres imprescindible

Entonces, dejas de guiarte por "el miedo a perder" y empiezas a funcionar por "la confianza en ganar". Has de entender que o bien estás en modo "temor"; o bien en modo "amor". Son dos motores vitales muy diferentes.

Y cuando fluyes en el camino de la disciplina, todo lo necesario se despliega continuamente de formas imprevisibles. De modo que necesitas solo tres cosas para tener éxito en la vida:

1. Comprometerte (decisión).
2. Empezar (acción).
3. Fluir (disciplina).

El compromiso no es solo con empezar sino también con llevar al final lo comenzado. El compromiso es con empezar y con acabar (iniciativa y acabativa). El resto es actuar sostenidamente. ¿Cuánto tiempo? Respuesta insolente: "ni lo sé ni me importa". Respuesta delicada: "el necesario".

Es tan escandalosamente sencillo que muchos al leerlo no lo creerán. Su idea de éxito es más compleja, alambicada, impredecible, difícil... Y yo les digo que allá ellos. Yo cuento lo que me ha funcionado de maravilla desde niño, todas las veces. Comparto mi superpoder, al que vuelvo una y otra vez porque sé que es infalible. Mi autoconfianza y seguridad en la vida se basan en tener un método (disciplina ilimitada) y un estado de conciencia (flujo) que funcionarán todas las veces.

ESPIRITUALIDAD INVERSA

Mucha gente se pregunta qué diablos hacen en la famosa Área 51 del desierto de Nevada en EEUU. Y la respuesta es sencilla: desmontan OVNI's. Sí eso es, naves de otros planetas, como lo lees. Y lo hacen para ver de qué están hechas, cómo funcionan; y lo más importante, cómo podrían replicar una nave igual. Es lo que se llama "ingeniería inversa". Algo así como: haz trizas y desmenuza el resultado que quieres obtener para revelar sus entrañas y descubrir sus secretos.

Es como empezar por el final.

En Wikipedia lo tienen claro: "La ingeniería inversa o retroingeniería es el proceso llevado a cabo con el objetivo de obtener información o un diseño a partir de un producto, con el fin de determinar cuáles son sus componentes y de qué manera interactúan entre si y cuál fue el proceso de fabricación".

Los ejércitos lo hacen con las armas de sus enemigos, los gobiernos lo hacen con los secretos, las empresas lo hacen con los productos de la competencia (espionaje industrial)... y tú, ¿lo haces?

Mi propuesta es que averigües qué hábitos y rutinas utilizan las personas de éxito en el campo en el que estás interesado.

Si se trata de mejorar tu meditación, averigua cómo meditan los gurús. Si quieres ser escritor, cómo se desenvuelven tus autores preferidos. Si vas a montar un negocio, qué pasos dieron los empresarios que admiras. Si vas a por todas con tu salud, cómo se curaron o se cuidan las personas más sanas y longevas... Y así con todo: ingeniería inversa.

> "La disciplina personal, cuando se convierte en una forma de vida personal, familiar y profesional, nos permitirá hacer cosas increíbles". Zig Ziglar

"Ingeniería inversa" o alguien ya está consiguiendo lo que tú quieres conseguir. ¿Cuáles son los pasos para replicarlo?

"Espiritualidad inversa" o alguien ya es lo que tú quieres ser. ¿Cómo hay que ser para replicarlo?

Me acabo de inventar una nueva ciencia; lo sé, y me encanta. El reto ahora es echar un vistazo en ila mente y el alma de otra persona, para ver qué ronda por allí! Y cuando tú andes en lo mismo, conseguirás cosas parecidas. ¿A qué es guay?

Hazte preguntas de "espiritualidad inversa" en referencia a tus tótems de éxito:

- ¿Qué mentalidad tiene...?
- ¿Qué creencias sostiene acerca de...?
- ¿Qué conocimientos son los que le ayudan a...?
- ¿Qué habrá leído últimamente...?
- ¿Qué actitudes y comportamientos prioriza...?
- ¿Cuál es su mayor secreto?
- ¿Cuál es su escala de valores?
- ¿Si me diera su mejor consejo, cuál sería?
- ¿Cómo sería mi vida sin mi problema?
- ...

A veces deducirás respuestas muy interesantes que te orientarán, otras veces la pregunta quedará en el aire hasta que una sincronicidad inesperada le dé respuesta. En cualquier caso, trata de averiguar cómo serías al conseguir lo que deseas ahora.

Es tan importante empezar desde el principio como empezar desde el final. Ya sé que no es lo que te han enseñado, pero resulta que la educación formal es la causa de un índice de fracaso apabullante. Por ejemplo, yo no escribo mis libros desde el principio hasta el final, sino que los empiezo en puntos diferentes a la vez y los textos van avanzando en todas direcciones.

Para llegar al resultado puedes empezar por modificar tus creencias, conocimientos y pensamientos... o puedes empezar emulando el comportamiento y el estado emocional de los top ten. Mira este esquema:

Cambio de pensamiento —> Cambio de comportamiento —> Nuevo resultado
Cambio de comportamiento —> Cambio de pensamiento —> Nuevo resultado

Tanto monta, monta tanto.

Y aquí viene lo bueno, porque cuando modificas tu comportamiento con disciplina (hábitos y rutinas) todo lo demás le sigue. Por ejemplo, quieres ser escritor y empiezas ahora y de cero. Escribes cada día una página, lo que te llevará a tener tu manuscrito acabado en un santiamén.

O podrías haber empezado por apuntarte a un taller de escritura, aprender, practicar, hacer ejercicios, filosofar al respecto, y después finalmente empezar tu manuscrito. Son dos caminos diferentes: empezar por el principio o empezar por el final.

Empezar por el final: es acción inmediata, es desplegar disciplinas... nada de pensar y planificar. Es la vía rápida.

Empezar por el principio: es prepararse antes de lanzarse... nada de actuar. Es la vía lenta.

LAS TRES IDEAS EN DOS FRASES:

1. Empieza cuanto antes, eso le dirá a tu inconsciente que ya estás en camino y al Cosmos que te eche una mano. La magia de empezar es invisible a los ojos pero crea milagros impredecibles.

2. La disciplina desencadena un estado de flujo en el que las casualidades significativas dirigen el proceso con una inteligencia que no es de este mundo. De allí al estado de Gracia van dos pasos.

3. Empieza por el final y no te podrás equivocar de resultado o destino. Cuando imaginas y sientes el resultado, posees los planos del éxito por anticipado.

Práctica

Plan

Infinito

Amor

Espiritual Comportamiento
Franquiciado

Leyes

Milagros Disciplina

Inspirado Espirituales

Éxito Misión Talento

Divino Espiritualidad

Corazón Franquicia

Sueños Dios

Secreto

CINCO

VIVIR DESDE EL SIGNIFICADO

En este capítulo voy a explicarte:

1. AMBICIÓN VS. SIGNIFICADO
2. MISIÓN EN ACCIÓN
3. LAS TRES LEYES ESPIRITUALES DE LA DISCIPLINA

AMBICIÓN VS. SIGNIFICADO

En algún momento de la vida el ser humano resuelve sus necesidades básicas (después le llega el momento de afrontar sus necesidades superiores): ganar dinero, conseguir una casa, formar una familia... ya no son la única motivación existencial. Ese cambio de prioridades es fruto de una crisis existencial y entonces se pasa de la ambición al significado.

Ahora la gran necesidad no está en conseguir más cosas, o éxitos, sino en descubrir quién es uno y qué significado tiene la vida. Le llaman la crisis de los cuarenta. Yo mismo tuve que afrontar ese punto de inflexión en mi vida y reorientarla dando un giro de 180 grados. Y he de decir que es lo mejor que me ha pasado. Puse mi vida boca abajo y se cayó todo lo que ya no era esencial. Lo malo es que cuando la puse de nuevo del derecho estaba vacía y tocaba empezar de nuevo pero ahora con mi corazón como brújula. Por suerte me quedaba el músculo de la disciplina. Y créeme que me hizo falta aplicarlo a fondo.

El Dr. Wayne W. Dyer es un referente para cualquiera. No recuerdo cuál fue el primer libro que leí de él, pero si recuerdo la emoción de "estar" con un buen amigo y la sensación de "verdad" que quedó en mí tras entrar en contacto con sus pensamientos escritos. En su trabajo: "El Cambio" (The Shift) nos plantea uno de los puntos de inflexión que todos debemos afrontar en algún momento de la vida: el cambio de la ambición al sentido. Lo primero tiene que ver con los apetitos del ego, o yo falso, y su glotonería; lo segundo tiene que ver con el yo real o Ser esencial.

Ocurre en nuestros primeros años que todos inventamos un ego con el que nos identificamos. Ese ego es la suma de conceptos mentales que configuran una identidad ilusoria o falsa, muy alejada del espíritu y muy apegada al mundo de la forma y la materia. Desde el ego, en la primera etapa de la vida, idealizamos el conseguir más: ya sea "tener" o "hacer" lo que creemos que nos hará felices.

Como el ego busca aprobación ajena, en su delirio cree que el valor personal depende de la opinión ajena. De modo que trata de ser del agrado de todo el mundo. Y cuando comprende la inutilidad de su propósito, gustar a todos, emprende otro viaje a ninguna parte: auto-evaluarse.

Empieza el juego de la autoestima.

Cuando el ego consigue lo que quiere, su autoestima sube; cuando no lo consigue, baja. Ha caído en la trampa de la autoevaluación, porque el ego desconoce que el valor de cualquier vida humana, le vaya como le vaya, es infinito; y que no tiene ningún sentido "ponerse" nota, ya sea alta o baja. Lo que el ego no comprende es que lo único que debe cambiar no es "la nota" que se pone -sea buena o mala-, sino la creencia de que es posible ponerse nota.

A cierta edad, normalmente a los 40 años, emergen nuevos valores, y ese cambio de valores implica un cambio en el estilo de vida. Aprendemos que, OMG, por fin las cosas empiezan a cuadrar. Necesitamos significado y no ambición.

> *"Pasar de la ambición al significado no te hace más perezoso. De hecho, te vuelves más activo. Haces más cosas y tu currículum se amplía. La lista de logros aumenta sin parar. Pero dejas de estar apegado a eso. Ya no lo necesitas. Vives más el proceso que el resultado". Wayne W. Dyer*

Este cambio de la ambición al significado tiene cuatro características, como explica Dyer, el cambio: es intenso, es sorpresivo, es benevolente y es perdurable. No puedo estar más de acuerdo con él. Si acaso añadiría que además el cambio es "solicitado" -aunque sea a un nivel inconsciente-, y por esa misma razón, concedido de antemano.

En mi trabajo como *coach*, me di cuenta de que cada vez más personas acuden al *coaching* en busca de sentido y propósito en la vida. Más que una vida con resultados, buscan una vida con plenitud. La espiritualidad, no es un lujo, una moda o un capricho exótico, es una auténtica necesidad, como la de respirar. Si eliminas el factor espiritualidad de la ecuación, no vas a entender nada de nada en la vida.

Lo que he aprendido, tanto de mi experiencia personal como de mis clientes, es que está muy bien tener objetivos, pero que a un nivel esencial, caso de lograrlos, no tiene la más mínima importancia conseguirlos. Estoy seguro de que puedes ver la gran diferencia que hay entre "tener un objetivo" y que "el objetivo te tenga a ti". La diferencia entre ambas percepciones está en el apego, o en su ausencia.

La disciplina es el proceso, y tal vez la meta. Lo que consigues es anecdótico porque al disciplinarte te has recuperado a ti mismo, y vives con la autoestima de darte todo.

Misión en acción

La idea de misión o propósito de vida suena grandilocuente y en consecuencia intimida a las personas.

- ¿Para qué he nacido?
- ¿Qué debo hacer con mi vida?

- ¿Para qué estoy predestinado?

Son preguntas frecuentes a cierta edad. Y rumiar en ello no deja de ser perturbador. ¿Y si me equivoco de misión de vida? Y así pasan los años con esa sensación tan desagradable de estar atascado y no ir a ningún lado.

Si te parece, vamos a simplificar ese proceso de decisión para que no te equivoques. Yo sé cual es tu misión de vida y voy a revelártela ahora mismo. En una palabra tu misión de vida es (redoble de tambores): servir. Sí, servir a otros, no servirte a ti como has estado haciendo desde que naciste. Se trata de devolver lo mucho que has recibido de tus ancestros y corresponder tantas bendiciones.

Misión = Servir

¿Pero servir en qué, cómo y a quién? Ese es tu problema, pero te anticipo que es irrelevante. Sirve en lo que más te guste, pero resuelve alguna clase de problema a la gente. Casi puedo oír tus pensamientos... "Un momento, no es tan fácil. Hay muchas cosas que encajan en ese propósito, ¿cómo elegir?".

Elige desde el corazón. Toma una decisión desde el corazón y luego sigue ese camino hasta el final. No titubees a medio camino, o no llegarás. No cambies de idea a mitad de camino, o no acabarás nada. No es la meta lo que falla sino la falta de perseverancia y de firmeza.

Misión = Disciplina en acción

Insisto, el "qué" y el "cómo" es lo de menos. A fin de cuentas, si examinas tus fortalezas te darás cuenta de que vales para un par de cosas. Si analizas tu vida verás que todo converge hacia un talento, gusto o habilidad. O aún más fácil: donde esté tu corazón, está tu misión.

> *"La disciplina es la mejor amiga del hombre, porque ella le lleva a realizar los anhelos más profundos del corazón". Madre Teresa*

Toma ese talento, pasión o habilidad y construye tu vida a su alrededor. No para resolver tus necesidades sino para satisfacer las de los otros (quienes pasan por alguna clase de problema que has decidido solucionar). Si lo haces con amor no tendrás problema en ser disciplinado sino al contrario: no podrás no hacerlo. Ayudar es una necesidad vital de los humanos inscrita en el ADN, nos va la supervivencia de la especie en ello.

He hablado con muchas personas que sienten la necesidad de ayudar. Tal vez porque saben que ayudando se ayudan a si mismas. Lo malo es que tantos y tantos se afanan nada más que en mirarse el ombligo y así no consiguen ser felices.

En el fondo, una misión es entregarse a un objetivo mayor que uno mismo. El ego se diluye y el amor (por lo que se hace) emerge. Creo que muchos dudan en entregarse a una misión porque intuyen que deberán desaparecer como individuos o como ego. El propósito es tan grande que absorberá sus diminutos contratiempos.... Y ¿no es esto darle significado?

Misión = Disolución ego

Una misión es una oportunidad magnífica para aprender a perseverar y a llevar a cabo algo chulo. Es una gran lección de perseverancia, y cuanto más trascendente es la misión más perseverancia requerirá. Todos hemos probado cómo se siente uno cuando empieza algo y lo abandona a la mitad. Queda un regusto amargo de impotencia y fracaso.

Para cumplir con una misión de vida, que dé significado a la existencia, es preciso no solo talento y habilidad, sino algo más importante es la disciplina de perseverar. No falla la meta, no falla la inteligencia, no fallan las oportunidades... solo fallan los que no insisten lo suficiente.

Y recuerda cuál es mi definición favorita de disciplina: "hacer lo necesario, el tiempo que sea preciso, para conseguir el mejor resultado". Y cuando lo obtengas, vuelves a empezar porque es el proceso, y no el logro, lo que le habla a tu alma.

LAS TRES LEYES ESPIRITUALES DE LA DISCIPLINA

Me has oído decir que la disciplina, más que un comportamiento, es una actitud mental. La disciplina viene después y de su reiteración, surge el hábito.

En mi caso, me di cuenta de que el potencial infinito desea manifestarse a través de mi persona. ¿Quién no va a rendirse a semejante empresa? De inmediato acepté ser "socio" del conocimiento infinito para convertirlo en palabras y conceptos que pudiera escribir.

Para mí escribir es una "disciplina espiritual". Así empecé a hablar de mis libros como de algo "ajeno" a mí, en lo que yo había participado, y reconocí que los libros escritos pertenecían a algo más grande que yo mismo. Menudo peso y presión me saqué de encima. Y eso mismo es lo que te propongo a ti. Hagas lo que hagas, te dediques a lo que te dediques, aplícate a ello sabiendo que está inspirado en lo insondable. Es así como todos nos convertimos en "socios" del conocimiento infinito.

Yo lo llamo abrir una "Franquicia de Dios" (sea cual sea tu profesión), donde Él es el Jefe y tú el Director General (su mano derecha, vamos). Abre el manual de franquicias y sigue las pautas para que la sucursal que diriges funcione a la perfección. Y nunca descuides tu labor, porque si no eres excelente podría ser que el Jefe se buscase otro "franquiciado" más escrupuloso en su desempeño.

Tal vez el éxito del modelo de negocio de la franquicia es que casi todo es "predecible". Después de cincuenta años de vivir con disciplina, puedo asegurarte que la disciplina con amor conduce a "milagros predecibles". Sé que lo que emprendo acabará bien porque sé quién anda a mi lado. Te invito a entrar en este "negocio" de la felicidad, abriendo una "Franquicia de Dios" en tu profesión (tu misión de vida).

Es una metáfora, pero recordarla te motivará a ser excelente en lo tuyo en los tiempos de dificultades. Y la disciplina espiritual será tu herramienta número uno para desarrollar tu cometido mundano. Y la disciplina te lo dará todo.

Desde esta visión espiritual de tu trabajo (tu inspiración proviene de lo insondable y tú formas parte del plan divino), te aseguro que levantarte por la mañana no es una obligación, es una misión de vida que da significado a tus días en el planeta Tierra.

> *"Dominar a otros es fuerza. Dominarte a ti mismo es el verdadero poder". Lao Tzu.*

Con estos antecedentes, creo que ya estás preparado para comprender lo que sigue: "las tres leyes espirituales de la disciplina", que son, a saber:

1. Tú te das todo a ti, cuando te aplicas a ello.
2. Tú no haces nada, todo se hace a través de ti.
3. Tú caminas en los brazos de Dios, Él te guía.

Ley número uno:
"Tú te das todo a ti, cuando te aplicas a ello"
Lo que consigues es porque tú te lo diste, nadie puede darte nada ya que todo es fruto de tus méritos pasados y presentes. No pidas a nadie lo que quieres de la vida. Levántate cada mañana y trabaja hasta conseguirlo. No puedes robarlo, no puedes pedirlo, no puedes ganarlo, solo puedes manifestarlo.

Ley número dos:
"Tú no haces nada, todo se hace a través de ti"
A pesar de trabajar en tus sueños, solo puedes trabajar en la

sustancia aparente de tus sueños. A un nivel más profundo, algo hace no sabemos qué con la sustancia real de lo que cocreas. Deja que la inteligencia del orden implicado se desenrolle para que el orden explicado se manifieste.

Ley número tres:
"Tú caminas en los brazos de Dios, Él te guía".
Si supieras en brazos de quién avanzas, estarías sereno y confiado porque sabrías que jamás podrás fallar si a ello te entregas con amor. Solicita guía para cada paso que des, ten el coraje de seguir el camino del corazón. No es un acto de fe ciega religiosa, es espiritualidad práctica aplicada.

LAS TRES IDEAS EN DOS FRASES:

1. Vivir desde el significado, y no desde la ambición, te adentra en una dimensión donde la acción se multiplica por infinito y obtienes más resultados que cuando te mueve la ambición. Te hace actuar en lo que importa y prescindir de lo que no importa.

2. El mejor método para perseverar en un camino es disfrutarlo. Cuando haces lo que amas, la

disciplina es la declaración de ese amor incondicional.

3. La disciplina es un pacto con el Infinito: cada uno hace su parte. Entender la acción entregada como una disciplina espiritual hace que todo trabajo sea un gozo liviano.

SEIS

CLAVES PRÁCTICAS PARA SER DISCIPLINADO

En este capítulo voy a explicarte:

1. Hábitos para ser imparable
2. Ponte en aprietos
3. Como fijar un hábito en tres pasos

Hábitos para ser imparable

Al terminar este libro estarás equipado con el superpoder más grande de la humanidad: la disciplina. Que no es otra cosa que el método de realizar pequeños pasos para conseguir logros extraordinarios. Empieza por pequeños hábitos, minihábitos, algo tan ridículamente pequeño como para no negarte a hacerlo cada día. Busca una acción tan sencilla que no puedas negarte, ni tampoco puedas fracasar en su desempeño.

Mira estos ejemplos:

- Leer 1 página al día (para empezar).
- Subir 1 piso de escaleras cada día.
- Hacer 1 sana de yoga.
- Deshacerse de 1 objeto al día.
- Comer 1 pieza de fruta diaria.
- Dar las gracias a 1 persona.
- Sonreír a 1 persona.
- Relajarte por 1 minuto.
- Hacer 3 respiraciones profundas.
- _____ (pon aquí tu ejemplo).

De lo que se trata es de empezar, luego ya vendrá la cantidad e incluso la calidad.

Cuando adquieres el hábito de la disciplina, te pertrechas con el hábito que cambiará tu vida para bien. Ahora ya sabes que hay hábitos que te conducen directamente al éxito (y otros directamente al fracaso pero esos no nos interesan). Del mismo modo que hay hábitos que te hacen rico y otros pobre. Así como hábitos para ser feliz y otros para ser desgraciado.

Hábitos de riqueza. Hábitos de felicidad. Hábitos saludables. Hábitos de autoestima... Somos el resultado de nuestras elecciones y rutinas.

> *"El éxito se crea a través del rendimiento de unas pocas disciplinas diarias pequeñas que se acumulan con el tiempo para producir logros mucho más allá de cualquier cosa que pudieras haber planeado". Robin Sharma*

Me has oído vincular la disciplina con el amor incondicional (y también con la autoestima), para concluir que la disciplina es una muestra de amor puro (verdadero) por ti. Autoestima en acción.

Hábitos de autoestima: las personas que toman responsabilidad de su vida no achacan sus pobres resultados a la mala suerte o a los demás. No buscan culpables ni excusas. Redoblan sus esfuerzos, renuevan los votos con su ideal, prueban nuevos caminos... pero nunca (jamás de los jamases) abandonan. Eso es amarse de verdad.

- Compromiso total.
- Paciencia sin límites.
- Persistencia a toda prueba.
- Autorresponsabilidad sin victimismo.

Hábitos para pensar en grande: la grandeza es interior, no exterior, es una cualidad de la mentalidad. Buscar nuevos horizontes que hollar y conducir lo bueno a la excelencia son la base de nuevas acciones para cambiar las reglas de juego.

- Reinvención anual.
- Planificación mensual.
- Sistematización de procesos.
- Automatización de tareas.

Hábitos de lectura: los libros son el gimnasio de los imparables. Nutren su mente con lecturas disruptivas. Y buscan en los libros nuevos paradigmas que ensayar en sus vidas y profesiones. No leer es el mayor atraso al que se puede castigar una persona. Los mejores son lectores.

- Leer un libro por semana.
- Escuchar podcasts y audiolibros.
- Repasar lecturas clave.
- Leer en digital y en papel.

Hábitos inspiradores: todo influye en todo, con lo que elegir qué y a quién frecuentamos va a influirnos. Es primordial preparar el terreno fértil para nuevas cosechas. A estas alturas es inaceptable rodearse de ambientes y personas castrantes y mediocres.

- Amistades y colaboradores
- Entornos
- Información
- Formación

Hábitos de riesgo controlado: el mayor riesgo es no correr riesgos, tratar de jugar a lo seguro o a no perder. Para ganar hay que arriesgar todo, esta es una regla de juego no negociable. Resulta sorprendente ver cómo tantos se arriesgan tanto por no arriesgar nada.

- Tomar decisiones difíciles.
- Cometer más errores.
- Convertir fracasos en éxitos.
- Cambio constante.

Hábitos de productividad: todo el mundo tirará de ti, si se lo permites. Poner límites a la disponibilidad y agenda, facilita conseguir más en menos tiempo. Las redes sociales son uno de los ladrones de tiempo más intolerables de nuestro tiempo.

- Proteger la agenda.
- Acotar la jornada laboral.
- Aprovechar tiempos muertos.
- Desconectar de Internet.

Hábitos para anticipar el éxito: la acción interior es tan importante como la acción exterior. La disciplina en hábitos de interiorización es un acelerador de resultados.

- Visualización
- Afirmación
- Imaginación
- Empezar desde el final.

Hábitos de máximo rendimiento: estos son los hábitos extremos para los que juegan fuerte. Solo accedes a ellos cuando afrontas una situación "imposible", una crisis extrema, y ello te permite convertir en posible lo imposible.

- Traspasar límites.
- Quemar las naves.
- Duplicar resultados.
- Pedirse más.

Hábitos saludables: la disciplina es una carrera de resistencia, llega el que más aguanta. Si no cuidas tu nivel de energía y llevas tu salud a niveles no conocidos por la mayoría, no puedes afrontar la inversión de energía que el éxito real y duradero exigen.

- Nutrición sana

- Suplementación sabia
- Ejercicio regular
- Lectura intensiva

Creo que se explican por sí mismos. Y aunque podría incluir más hábitos para ser imparable, la presente lista no es exhaustiva sino descriptiva de la clase de persona que consigue lo que se propone. Construir una vida ideal no es más difícil que armar un puzzle. Y quiero ser yo quien te lo diga porque sé que te han engañado masivamente durante toda tu vida.

Pon en orden tus disciplinas, piezas del puzzle, y verás lo que aparece ante ti.

Y siempre, cuando mejoras un área de tu vida, las otras se contagian y se ven beneficiadas debido a esa mejora. Una cosa lleva a otra. Las cosas hacen cosas. Se produce cierta "sinergia conductual", de modo que una acción refuerza a otras porque la autoconfianza nutre el proceso.

Ahora es tu turno, lector: ¿cuál es la mejora que te llevará a tu siguiente nivel?

PONTE EN APRIETOS

Acabo de anunciar que una crisis es una de las palancas más poderosas que conozco para jugar un juego distinto y más grande.

Muchas personas me preguntan: ¿cómo ser disciplinado? Estás a punto de leer la respuesta (menos mal, porque el libro ya se está acabando). Durante mi vida he destilado mi propio método. Y este capítulo es la respuesta a esa pregunta, aunque ya te avanzo que tal vez no te guste la respuesta. Aunque si te va la marcha, como a mí, te encantará.

Deja que tome carrerilla. Si me preguntasen por qué la humanidad funciona a muy bajo nivel de rendimiento, respondería: porque vive instalada en la comodidad. Es demasiado indulgente consigo misma, se pide poco y desde luego rinde muy por debajo de su capacidad. De hecho, la persona promedio va todo lo más en primera y segunda marcha en un vehículo con seis marchas.

> *"La autodisciplina es el poder mágico que te hace virtualmente imparable". Dan Kennedy*

A lo que vamos: el método de disciplina infalible. Mi mejor consejo es: ponte en aprietos, métete en una situación imposible... y verás lo que sucede. Los problemas son tu gimnasio para la disciplina porque es el único modo de salir de ellos. ¿Cómo no lo habías advertido antes?

Lo primero que ocurrirá es que subirá tu adrenalina, por instinto de supervivencia y activará recursos que desconocías. Saldrá una fuerza que no es de este mundo.

Mis ejemplos:

- Cuando dimití de mi empleo bancario, me puse en aprietos.
- Cuando me divorcié, me puse en aprietos.
- Cuando abandoné una de mis editoriales, me puse en aprietos.
- Cuando renuncié como *coach*, me puse en aprietos.
- Cuando cerré mi despacho, me puse en aprietos.
- Cuando digo y escribo lo que pienso, me pongo en aprietos.
- Cuando descarto suculentos proyectos o contratos, me pongo en aprietos.

Como en tantas y tantas situaciones siempre he actuado guiado por mis valores (coherencia, autenticidad, dignidad). He puesto todo en riesgo y siempre me ha salido bien, porque en el camino del corazón no hay perdedores. Siempre te ganas (no te pierdes).

¿Cuándo sale el jugo de un limón? Exacto, cuando lo exprimes. Ten por seguro que la vida te exprimirá en un momento u otro para ver qué le ofreces al mundo.

Mi método: ponte en aprietos, exprímete

En alguna de mis conferencias he mencionado que le deseo a todo el mundo una crisis profunda y transformadora, igual como la que yo tuve la suerte de experimentar. No es un deseo cruel por mi parte; sino todo lo contrario, lo deseo con todo el cariño. Sé que una situación imposible hará posible a una nueva persona (más suave, menos en su ego, más sabia).

Te cuento esto porque en la zona confortable no encontrarás nada de lo que buscas, sencillamente porque no está ahí. Lo que quieres, y no tienes, se halla en la zona incómoda. No sé por qué es así y tampoco importa.

Si vas en serio en el juego de la vida, estos contextos creativos te interesan (y mucho):

- Incomodidad
- Imposibilidad
- Crisis
- Frustración
- Situación límite
- Desesperación

Son aceleradores de cambio. Incubadoras de lo extraordinario. Palancas al Infinito.

No te queda otra que disciplinarte. O eso o el abismo.

Así ocurrió conmigo. Elegí entrar en un desierto del que desconocía su salida, y caminé por años en él, soportando lo que creía que no podía soportar. Mi ego se derrumbó. Lo bueno es que cuando mueres una vez ya no temes volver a morir. Pues renaces en una dimensión mental llena de paz y de calma. Eres otro, todos lo notan, y tu vida es otra. Se acabó el sufrimiento.

Ojalá te ocurra algo parecido y aproveches lo malo para construir lo bueno. Las lágrimas cambiarán tu mirada. Durante ese proceso solo necesitas disciplina espiritual para salir de tu desierto. Te deseo una gran y buena crisis personal... algo que te permita hacer lo que de otro modo no te habrías atrevido.

Y no te alarmes, todos los desiertos tienen un final que es el principio de lo extraordinario (el colapso del ego y la emergencia del Ser).

Solo necesitas la disciplina de atravesarlo cueste lo que cueste y tome el tiempo que tome. Sin rendiciones, sin concesiones, sin lágrimas fáciles de autocompasión. Sé duro en esto, no flojo, y demuestra de qué pasta estás hecho. El Cosmos te observa, saca pecho, ten un poco de dignidad. Ya de paso pon cara de póker y sigue, aunque te duela hasta el alma.

Eso es la disciplina ilimitada. Ahora ya lo sabes.

Por amor de Dios, ponte en aprietos, busca tu situación imposible... y verás lo que sucede a continuación.

Cómo fijar un hábito en tres pasos

Me leí de cubierta a cubierta el clásico sobre hábitos: "El Poder de los hábitos" de Charles Duhigg. Léelo si quieres ponerle un poco de ciencia y método al proceso de crear hábitos. Mi visión es más sencilla: ponle corazón y rechaza lo que no te resuene. Aún así, está bien conocer otras propuestas. El autor identifica tres fases: señal, rutina, recompensa. Es un bucle que se retroalimenta.

1. Señal desencadenante
2. Rutina o disciplina
3. Recompensa o resultado

(Por ejemplo: estoy somnoliento, me preparo un café, consigo un chute de energía)

Para entender cómo funcionan los hábitos primero has de tener clara su estructura, que acabo de describir.

Ahora que ya sabes cómo está construido un hábito, también te darás cuenta de que el corazón del hábito es la disciplina (mira la lista de arriba). Todo hábito es una acción entre un origen (ansia) y un destino (resultado) y el vehículo que te conduce allí es la disciplina (las rutinas repetidas).

La disciplina es el corazón del hábito. Si vas a crear un hábito necesitarás la disciplina que lo hace latir.

> *"Lo que moldea nuestra vida no es lo que hacemos alguna vez, sino lo que hacemos continuamente"*. *Anthony Robbins*

No te recomiendo luchar contra un mal hábito, seguramente perderás. Mejor cámbialo por uno bueno, conservando ciertas partes de su *estructura*. Si quieres cambiar un mal hábito, la estrategia es conservar la señal (ansia) y el resultado (recompensa) pero cambiando el paso intermedio (rutina). Haz algo diferente. Por ejemplo, si antes encendías un cigarrillo entre la señal de nerviosismo y el resultado apetecido de tranquilizarte, busca otra rutina más sana, como por ejemplo bajar a la calle y dar una vuelta a la cuadra. Es una disciplina diferente (mucho más sana) que consigue el mismo resultado de tranquilizarte.

En teoría, se trata de unir la señal al inicio de una rutina que proporciona una recompensa. Pero a mí todo eso me suena al experimento del perro de Pávlov que salivaba al oír la campana que señalaba la hora de la comida. Demasiado animalista.

El autor Duhigg averiguó la razón por la cual el sistema de cambio de hábitos descrito es tan eficaz. Descubrió un factor oculto en el proceso de la rutina. Y no era otra cosa que la espiritualidad. Y ahí es donde se pone interesante porque yo siempre he sentido que una rutina sin amor es insufrible. Coincidimos los dos en identificar un factor oculto. Yo lo he llamado amor incondicional y pasión. Incluso te habrás dado cuenta de que utilicé una perspectiva casi mística en algunos momentos de la lectura. Y así creo que debe ser.

Para mí, la disciplina es andar el camino del corazón.

También creo que el resultado es menos importante que el proceso. Hacer algo que amas es razón suficiente para hacerlo, al margen de los resultados que proporcione. Ahora, vamos a imaginar una vida así, en la que solo nos involucramos en lo que amamos y desechamos el resto.

¿Una humanidad feliz? La mente crítica dirá que eso es imposible: la vida es dura y hay que hacer muchas cosas que no apetece hacer... Si es así como alguien ve las cosas, lo siento por él (debe llevar una vida muy triste con pocas alegrías).

Yo no digo que no lleve a término tareas ingratas, de hecho las hay en mi día a día, solo digo que el amor por el proceso es tan grande que abrazo incluso la parte dura del plan. Es lo que se llama estar a las duras y a las maduras. Es como educar a un hijo, hay momentos en que se pone difícil de trato, pero le quieres igualmente. Lo volverías a engendrar porque le amas incondicionalmente al margen de los momentos difíciles.

Mi propuesta es inequívoca: enamórate del proceso completo, incluida la parte dura... y todo vendrá rodado. Disciplinarse en lo divertido es fácil, eso lo hace cualquiera; pero disciplinarse además en la parte ingrata hace una gran diferencia: ¡toda la diferencia!

La gente que tiene éxito hace lo que no hacen los que no lo tienen.

Yo apoyo todo proceso que, a pesar de tener altibajos, sea en conjunto muy gratificante y cuyo resultado sea la guinda del pastel. Visto así, ¿quién no se disciplina en lo que ama? Y ya que lo amamos tanto, ¿por qué no repetirlo una y otra vez?

Listo, es tu turno. Y te toca pasar a la acción. Para empezar no hay nada como un buen: "preparado, listo, ya" (*ready, set, go*), tírate de cabeza a la piscina y que sea lo que Dios quiera...

LAS TRES IDEAS EN DOS FRASES:

1. La disciplina te hará imparable porque te adentra en un bucle virtuoso. Las pequeñas acciones repetidas constituyen el éxito programado e inevitable.

2. Llegar al punto de no retorno te garantiza una cosa: cerrar una etapa y abrir otra. Los puntos de inflexión son portales a nuevas constelaciones en tu mente (si pudieras verías brillar tus conexiones sinápticas).

3. La mejor forma de pasar a la acción es contar: "A la una, a las dos, y a las tres"... y lo haces. No hay nada que pensar (eso es lo bueno de una rutina programada) porque si te paras a pensar tu mente te frenará presa del pánico.

---

papel

resistencia

hechos

lectura

Experto

saber

mapa mental

inercia externa

conocimiento

información

inercia

Idea

Aprende

Comportamiento

aplicar

Acción

elegir

experiencia

resistencia interna

Experiencial

plano

mente

Sabe

conocimiento

SIETE

DE LA TEORÍA A LA ACCIÓN

En este capítulo voy a explicarte:

1. Saber y no aplicarlo es como no saberlo
2. Vencer la resistencia interna
3. De la mente al papel, del papel a la realidad

Saber y no aplicarlo es como no saberlo

La información no es conocimiento. La información no es poder, es "potencial de poder" porque si no la utilizas se convierte en un montón de datos. Hoy día demasiadas personas se conforman con el potencial de poder sin ejercerlo realmente. Saber y no aplicar ese saber no sirve de nada. Lo único que te proporciona es un ataque de remordimientos por no actuar.

Para pasar de las ideas a los hechos precisamos actuar. Y toda acción viene precedida de una decisión y un compromiso. Si fallan, las buenas intenciones se quedan en el plano de la teoría sin ver la luz en la realidad. Los hechos siempre "hablan" más fuerte, y revelan mucho más, que las buenas intenciones. Al final, lo que cuentan son los hechos. Y ya sabes el dicho bíblico: por sus obras los conoceréis.

Las personas me cuentan cosas de si mismas, pero yo examino sus vidas para conocer la verdad: los hechos no engañan. Una de mis máximas prioridades es convertirme en un ejemplo vivo de todo lo que he escrito en mis libros. Tu ejemplo personal es el mejor mensaje que puedes dar al mundo y ya no digamos a tus hijos. No lo pienses, digas, imagines... hazlo.

O lo haces o no lo haces, no vale un punto intermedio. Estar de acuerdo, saberlo... es un punto intermedio que no sirve de nada.

El ser humano es un buscador de conocimiento insaciable; sin embargo no aprende lo que oye, lee, memoriza o estudia... sino lo que practica. En la pirámide de aprendizaje, el aprendizaje intelectual es superado por el aprendizaje adquirido aplicando lo aprendido (*"learning by doing"*).

Saber desde la teoría es información, pero saber desde el hacer es conocimiento. Saber y hacer no deberían ser polos opuestos, de su combinación surge el "saber hacer".

> *"El conocimiento verdadero entraña un cambio en el comportamiento". Ken Blanchard*

El sabio sabe pocas cosas pero lo que sabe lo sabe muy bien. El sabelotodo es el que dice saber muchas cosas pero desconoce de lo que habla. Soy de los que piensan que vale la pena saber más de menos (ser un experto), y aplicar el conocimiento (ser un ejemplo), en lugar de saber menos de más (aparentar).

En la era de la información, sufrimos una sobredosis: tenemos un exceso de información comparado con la capacidad de hacer algo con ella, y no disponemos ni del tiempo ni de la capacidad para hacer uso de toda la información de la que disponemos.

Nos ahogamos en un océano de información. Esta sobredosis de datos genera adicción a buscar más y más información, y absorbidos por la necesidad de "saber más", renunciamos a experimentar en su aplicación. Un ejemplo de ello es la obsesión por leer más y más libros, sin ton ni son, pasando de un tema a otro, sin profundizar en ninguno. Olvidarlo casi todo y acabar hecho un lío, sin saber qué pensar.

Por ejemplo, me tomó tres años experimentar lo que averigüé leyendo unos 70 libros de nutrición y salud que me leí. Y luego un año adicional de una segunda tanda de lectura de 30 libros más. Fue mucha la información que fue testada en mí mismo durante años. No podemos pretender terminar una lectura y creer que al cerrar sus tapas el milagro ocurrirá espontáneamente solo por haberlo leído. El trabajo empieza justo al finalizar la lectura. Ahí es cuando viene lo bueno.

El exceso de información provoca un exceso de análisis, y por tanto, lleva a la parálisis.

¿Por qué ocurre todo esto? La explicación a esta locura es sencilla: es más fácil aprender que hacer. ¡Claro! Exige menos, supone un menor riesgo, y es más cómodo. Aceptar una idea es sencillo, pero modificar el comportamiento ya es otra cosa. Como por lo general solemos apuntarnos a lo fácil, preferimos saber antes que experimentar. Cuántas veces, en una conversación, alguien dice: "Sí, eso ya lo leí", o "Sí, eso ya lo sé", pero es un saber de "oídas", no experiencial.

Lo que se sabe pero no se hace, en realidad no se sabe.

VENCER LA RESISTENCIA INTERNA

Inercia es permanecer en reposo, o en movimiento, si no se aplica una fuerza contraria. En consecuencia, un cuerpo conserva su estado de reposo o de movimiento, si no hay una fuerza actuando sobre él que le detenga o le arranque. Es fácil entender que las personas que están inactivas tenderán a seguir inactivas y que las personas activas seguirán actuando.

Cuando se lanza un cohete al espacio, su motor consume la mayor parte del combustible para vencer la fuerza de gravedad. Salir de la atmósfera le exige mucha energía. Pero después cruzar el espacio exige muy poco esfuerzo porque en el vacío, y en ausencia de gravedad, no hay resistencia.. Tal vez pudiera parecer que durante todo su periplo será así: motores a máximo rendimiento. Pero es justo lo contrario: una vez fuera de la atmósfera, la inercia juega a favor del cohete y este requiere mucha menos energía para avanzar. Digamos que navegas con solo dar un golpe de gas pongamos cada 10.000 km.

Y así ocurre con casi todo. Lo que cuesta es empezar, pasar a la acción, después es coser y cantar. Cuando emprendes un negocio todo cuesta una burrada, pero con los años sistematizas y el negocio suele ir mejor sin ti que contigo cerca. Los novatos piensan que el esfuerzo siempre será el mismo al de arrancada y se desaniman y abandonan.

66 *"Just do it!". Nike*

Hay dos clases de resistencia para pasar a la acción:

1. La inercia interna.
2. La inercia externa.

Y de las dos, la más potente es la interna. Ganar el juego interno, vencer la inercia interna, es la batalla que tiene lugar en la mente, y precisa desarticular todas las excusas que bloquean la acción. De entre todos, el "rival interno", el yo miedoso, es el más difícil de vencer (siempre está ahí, detrás de tus orejas). Pero una vez derrotado, el "juego externo", donde uno se encuentra con los obstáculos del mundo, es relativamente más fácil.

Actuar exige tomar una decisión. Y decidir implica renunciar a otras opciones tal vez más cómodas. Por ejemplo, cuando elegimos una vivienda, estamos renunciando al resto de opciones, o cuando elegimos un destino vacacional estamos renunciando a todos los demás.

Elegir = Renunciar

Una decisión es una eliminación de opciones, y el inconsciente lo percibe como una pérdida, (aunque solo sea de opciones y no sea una pérdida real). ¿A quién le gusta perder? Pero sucede lo siguiente, si no eliges ya estás eligiendo algo (no tomar la decisión) y entonces acabará eligiendo alguien más en tu lugar (y seguramente no te gustará nada su decisión).

Actuar, además, conlleva la posibilidad de equivocarse. Aunque no actuar puede ser un error más grave que actuar y equivocarse. Por algún extraño motivo las personas perciben que la inacción les protege del error. No sospechan que no elegir es de hecho... ¡elegir! Sí, es elegir no hacer nada, lo cual es una decisión también. Y no hacer nada tiene también riesgos.

Cuando la gente me pregunta qué debe hacer en determinada situación (y ocurre con frecuencia), me quedo cortocircuitado (me sale humo de la cabeza). Sinceramente, no sé qué deben hacer, ¡ni siquiera sé lo que he de hacer yo! Esta es la realidad: nadie sabe nada y menos acerca de los demás. Cada uno tiene un destino y una brújula interior, que es su corazón. No es a otros a quien hay que preguntar.

Yo no sé que es lo mejor para ti, pero tú deberás averiguarlo.

DE LA MENTE AL PAPEL, Y DEL PAPEL A LA REALIDAD

La mente sigue un proceso continuo de aprender y olvidar. Una información entra en la mente y borra algo más. ¿Imaginas recordar todo lo que has leído hasta la fecha?

Como olvidamos lo que aprendemos, nada mejor que el hábito de resumir lo aprendido. De la mente al papel. Y la forma de fijarlo es, o bien por experimentación, o bien por repetición. Si repasas una lectura antes de 24 horas podrás recordarla durante más tiempo, pero si la aplicas podría ser que no la olvides nunca.

En lo de repasar soy un maestro, empecé a los once años con ese hábito. Después de los resúmenes, encontré algo mucho mejor: los mapas mentales, la cartografía de la mente, un esquema visual, esquemático, colorido y con las ideas más relevantes de un asunto. Los mapas mentales son vitaminas para la memoria y la creatividad.

Los mapas mentales consisten en un esquema explosivo que parte de una idea central de la que emergen otras ideas. El poder de este esquema tiene efectos en la creatividad, en la memoria, en la organización de ideas, en la percepción, en la comprensión, y en mucho más.

Cuando quiero hacerme una ligera idea de un tema que me interesa, voy a mi librería on line y compro dos o tres ebooks. Ya si después quiero profundizar adquiero unos cuantos más. Leí todo lo que encontré sobre mapas mentales en las librerías, tomé un curso introductorio con una experta en el tema, y finalmente me certifiqué como instructor con el mismo inventor de los mapas mentales: Tony Buzan, uno de mis mentores preferidos. Soy tan fan de los mapas que me he convertido en un experto en el tema y he escrito un libro sobre ellos.

Y quiero que te sirva de ejemplo: cuando des con algo que te alucine, llega hasta el final, profundiza de verdad sin quedarte en las afueras de su ciencia. Yo he usado los mapas mentales por décadas, me enamoré a primera vista y es un amor que no me ha defraudado. Les debo mucho. Lector, cuando des con algo potente para ti, úsalo (exprímelo).

Volviendo a lo nuestro, me parece obvio que si una idea está en la mente pero no se expresa, en realidad no está en ninguna parte y acaba perdiéndose en el éter. Debe haber en alguna parte un enorme cementerio de ideas perdidas. Cuando tenemos una buena idea, toca anotarla para que no se evapore. Tomar notas, hacer listas... funciona bien como recordatorio, aunque no como disparador creativo. Para crear ideas de otras ideas nada supera a los mapas mentales.

Una buena forma de aprender es enseñar lo que se desea aprender. No es ninguna broma. Enseñarlo y compartirlo una y otra vez, hace que lo explicado se integre; y lo más importante, que acabe reflejándose en el comportamiento.

66 "Gracias a los mapas mentales puedes convertir una larga y aburrida lista de información en un diagrama brillante, fácil de recordar y altamente organizado, tus pensamientos en sintonía con los procesos naturales de tu cerebro". *Tony Buzan*

La cartografía mental es una técnica superior a la repetición, a las listas y a la enseñanza convencional. Es aprendizaje acelerado. Si un mapa mental además formula un plan de acción, entonces el éxito está asegurado. Las personas exitosas incluyen en su plan de acción lo que acaban de aprender, no se limitan con saberlo, prefieren hacerlo, y pasan de la teoría a la acción.

Convierte una idea en un mapa mental, es tu mapa de acción. Usa tu mapa, pasa a la acción, del papel a la realidad.

En resumen, todo se reduce a la transferencia de información a la experimentación, de la cabeza a los pies y manos. Avanzar con la respuesta a esta poderosa pregunta: ¿cómo utilizaré lo que acabo de aprender?

LAS TRES IDEAS EN DOS FRASES:

1. Conformarse con saber es poco ambicioso. No parar hasta comprobarlo con la experiencia propia es la disciplina de los sabios.
2. Cuando te miras al espejo te enfrentas a la persona que creará más resistencias a lo que quieres. Cuando vences la partida interna, la externa está casi ganada.
3. Todo el mundo tiene buenas ideas en la cabeza, muchos más tienen planes guardados en el cajón, pero muy pocos cosechan sus resultados. Las buenas ideas buscan personas que no les fallen.

Pasa la página y descubre tu siguiente paso...

EL CÓDIGO DE LA DISCIPLINA

MÁS AUTOESTIMA Y MENOS AUTOSABOTAJE

AUTOESTIMA
ON

AUTOSABOTAJE
OFF

RAIMON SAMSÓ

EL PODER DEL PERDÓN

RAIMON SAMSÓ

CÓMO DEJAR DE SENTIRSE CULPABLE

EDICIONES INSTITUTO EXPERTOS

Conoce al Autor

Webs del autor:

www.elcodigodeldinero.com

www.raimonsamso.com

www.institutodeexpertos.com

www.tiendasamso.com

http://raimonsamso.info

https://payhip.com/raimonsamso

https://linktr.ee/raimonsamso

Síguele en:

Canal Telegram: Raimon Samsó oficial (real)

https://t.me/sabiduriafinanciera

 instagram.com/raimonsamso

 youtube.com/Raimonsamso

pinterest.com/raimonsamso

Mentoría de negocios con el autor

Mentor de negocios conscientes

Si estás interesado en avanzar hacia otro nivel, te propongo mi mentora *on line*, te enseñaré -sin importar donde vivas del mundo- a ser un experto visible en tu tema, tal como yo hice.

Visita mi web para descubrir lo que puedo hacer por ti como mentor:

www.InstitutodeExpertos.com

Contáctame, vía email o Telegram**,** para verificar si tu proyecto es seleccionable para mi próxima mentoría grupal *online* **"Programa Experto"**.

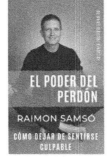

www.raimonsamso.com

www.raimonsamso.com

Te pido un favor

Quisiera pedirte un favor, para que este libro llegue a más personas, y es que lo valores con tu opinión sincera en la plataforma donde lo hayas comprado.

He de delegar en los lectores el marketing del libro porque en este mismo momento ya estoy deseoso de empezar a escribir un nuevo libro para ti.

Bendiciones.

EDICIONES
INSTITUTO EXPERTOS

Made in the USA
Monee, IL
25 October 2022

16408185R00090